献给侦察英雄[illegible]同志

大智大勇
一代英豪

迟浩田
一九九一年
[illegible]

中国人民解放军原总参谋长迟浩田题词

谨以此书

纪念杨子荣烈士诞生一百周年、牺牲七十周年

献给东北烈士纪念馆建馆七十周年

特级侦察英雄

TEJI ZHENCHA YINGXIONG

杨子荣

YANG ZIRONG

温野 著

黑龙江人民出版社

图书在版编目（CIP）数据

特级侦察英雄杨子荣/温野著.—哈尔滨：黑龙江人民出版社，2017.9
ISBN 978-7-207-11138-8

Ⅰ.①特… Ⅱ.①温… Ⅲ.①杨子荣（1917—1947）—生平事迹 Ⅳ.K825.2

中国版本图书馆CIP数据核字（2017）第238687号

责任编辑：李智新
装帧设计：周　磊

特级侦察英雄杨子荣
温　野　著

出版发行　黑龙江人民出版社
地　　址　哈尔滨市南岗区宣庆小区1号楼
邮　　编　150008
网　　址　www.longpress.com
电子邮箱　hljrmcbs@yeah.net
印　　刷　北京万博诚印刷有限公司
开　　本　787×1092　1/16
印　　张　14.25
字　　数　154千字
版　　次　2017年9月第1版　2021年1月第2次印刷
书　　号　ISBN 978-7-207-11138-8
定　　价　40.00元

杨子荣烈士

1946年10月1日，杨子荣所在部队牡丹江军区二团第一届英模合影（后排左三为杨子荣）

牡丹江军区二团剿匪部队集合出发，杨子荣与战友雪地行军

中国人民解放军原总参谋长杨得志题词

侦察英雄杨子荣

杨得志

一九九二年六月

序言

1945年8月，抗日战争胜利后，国共两党在决定中国向何处去等问题上产生了重要分歧。中国共产党代表人民的意志，提出了“建立独立、自由、民主、富强的新中国”主张，而国民党试图凭借其强势军事力量解决争端，使国共政治谈判最终失败。两种力量的较量和斗争是极其复杂和尖锐的，一场决定新旧中国两种命运、两个前途的大决战已经势不可免。

当时东北地区的战略地位尤其突出：它内与华北各解放区连成一片，外邻苏联、蒙古、朝鲜，如果能够占领东北，就可以改变中共根据地长期被分割包围的形势，有一个巩固的战略后方，并且能够打通与苏联、蒙古、朝鲜的联系。加之东北是当时全国唯一的现代化工业地区，工业生产总量占全国的80%，交通上铁路、公路占全国总长的一半，农业方面是全国余粮最多的地区，经济优势突出，因此建立巩固的东北根据地对解放全中国来说具有决定性的战略意义。

为此，中共中央做出重大战略部署，及时调遣两万名干部、十一万大军赶赴东北，成立中共中央东北局，提出“向北发展，向南防御”的战略方针，之后，经过复杂、曲折、艰苦、激烈的斗争，开创了巩固的东北革命根据地，拉开了解放战争的序幕，并在全国率先解放了东北全境。在东北解放战场及东北根据地创建的各条战线上，曾涌现出无数英雄人物，这些来自全国各地的共产党人和革命战士，在东北地区创造了可歌可泣的光辉业绩。本书传主杨子荣烈士就是他们当中的一位。

杨子荣（1917—1947），原名杨宗贵，山东牟平嵎岬河村人。他出身于贫苦的农民家庭，青少年时期曾在东北地区做过码头搬运工、船工、矿工等各种艰苦工作。1942年在工友帮助下返回老家并参加了当地的民兵队伍。1945年8月，他参加了八路军解放即墨城的战斗，表现英勇。1945年10月下旬，杨子荣随部队赶赴东北作战，进驻牡丹江海林地区剿匪。

当时牡丹江地区匪患严重，杨子荣多次机智、勇敢、圆满地完成任务，立功受奖。他参军后历任战士、班长、团侦察排长等职，参加大小战斗上百次。1947年，一举将三代惯匪“坐山雕”（张乐山）等13名同伙全部活捉，创造了深入匪巢以少胜多的战斗范例。1947年2月23日，杨子荣在追歼顽匪郑三炮、丁焕章时，因严寒其手枪枪栓冻结，不能击发而被敌弹击中，不幸牺牲，时年三十一岁。为表彰杨子荣的英雄事迹，东北军区司令部授予他“特级侦察英雄”“战斗英雄”光荣称号，并将其生前所在的排命名为“杨子荣排”。杨子荣英勇献身的革命事迹在全国广为流传，成为解放战争时期牺牲在东北的著名英雄代表之一。

1948年10月10日，为纪念在抗日战争和解放战争中牺牲在东北的烈士而建立的东北烈士纪念馆，已走过近七十年发展历程，长期以来在烈士事迹调研、展示、宣传等方面做了大量工作。1980年，为进一步做好杨子荣烈士事迹宣传工作，东北烈士纪念馆研究人员多次深入杨子荣烈士生前所在部队、战斗地区进行调查采访，最终完成了杨子荣烈士原名原籍考证工作，解决了此前悬疑近四十年的历史难题，为杨子荣烈士生平事迹的深入研究奠定了坚实基础。

历史的车轮不断前进，我们的党、国家和人民永远不会忘记为民族解放而血洒东北的先烈们。2009年9月，杨子荣入选“100位为新中国成立做出突出贡献的英雄模范人物”；2017年，适逢杨子荣诞生一百周年、牺牲七十周年，为此东北烈士纪念馆特意邀请原副馆长、黑龙江省文博专家组成员、杨子荣烈士原名原籍考证人温野研究馆员撰写《特级侦察英雄杨子荣》一书，以期英雄事迹永垂青史，激励国人。

东北烈士纪念馆馆长　刘春杰

2017年9月1日

目录

前言

笔者自1957年8月从东北人民大学（今吉林大学）中文系毕业后，即志愿到东北烈士纪念馆从事东北抗日战争、解放战争历史及这两个时期牺牲的革命英烈光辉事迹的调查研究和弘扬宣传工作。在这座英烈荟萃的崇高圣洁殿堂里，一直未间断地度过了五十多年。对英烈们的伟大精神和高尚人格深切敬佩，并受到极大的激励和教育。即便已退离工作岗位，又进入耄耋之年，对自己从事过的英烈事迹研究和弘扬工作，仍念念不忘，魂牵梦绕……

2008年东北烈士纪念馆建馆六十周年时，我曾将多年收集的二千多份革命历史资料，无偿地捐献给馆里。同时将过去写的英烈事迹汇编成一百二十多万字的《弘扬英烈铸丰碑》一书，并在正式出版后将二百多册作者样书赠给馆里，作为小小的献礼。

明年（2018年）10月，是东北烈士纪念馆建馆七十周年。岁月如水流逝，转眼又过去了十年。我作为烈士馆的老馆人，尽管已垂垂老矣，没有什么大作为，但在这样重要的时间节点上，仍应再为英烈们做点微薄的奉献。为此，我把多年调查收集的全国著名烈士、特级侦察英雄杨子荣的真实剿匪战斗事迹，整理成文，汇集成册出版，作为向东北烈士纪念馆建馆七十周年的一份小小的献礼，以了却生前最后的一点深情切意。

温野

2017 年 8 月于哈尔滨

引　言

自从作家曲波的长篇小说《林海雪原》于1957年10月问世和现代京剧《智取威虎山》演出之后，侦察英雄杨子荣烈士的名字可以说是家喻户晓了。但那些毕竟是文艺作品，其中杨子荣的形象和一些剿匪战斗故事是经过艺术加工和塑造的，不是史实。而真实的杨子荣是个什么样子，他的家世和革命斗争事迹到底是怎么回事，我和大多数人一样也不了解。

1980年初，杨子荣生前剿匪战斗的主要地区和烈士墓所在地——黑龙江省海林县的民政局，请求我工作的单位东北烈士纪念馆帮助他们筹办杨子荣烈士事迹展览。我承担了内容设计任务，阅读了他们提供的所有材料。这些材料都是“文革”中形成的，看上去字数不少，但大部分是政治虚词，实际内容不多，而且与文艺作品描写的情节相似。因为弘扬的是革命烈士事迹，必须真实，不能虚构。我觉得这些材料的真实性值得考虑，有必要对杨子荣烈士的真实经历，再进行调查核实。特别是他深入匪穴，活捉“坐山雕”及最后是怎样牺牲的等重要史实，一定要调查清楚。1982年东北烈士纪念馆决定编辑出版《东北解放战争烈士传》，杨子荣是重要传主之一，其传记由我承担撰写，责任感促使我更有必要把史实调查清楚。

当时已知道杨子荣生前所在部队后来编入中国人民解放军第三十八军，该军某师仍保留“杨子荣侦察排”的光荣称号。

三十八军军部当时驻保定市，杨子荣烈士生前领导、战友大多住在北京和保定，其他城市也有一些。于是，在 1983 年 3 月我踏上调查途程，去了北京和保定市，访问了杨子荣当年所在的牡丹江军区二团团长王敬之、二团副政委曲波、二团团部作战参谋陈庆、二团三营七连连长兰绍家，还有当时曾写过杨子荣只身进入土匪驻地杏树村说降四百多名土匪报道材料的二团一营政治干事姜国政(三十八军政治部主任)、杨子荣战友刘成斋（三十八军副军长）、刘崇礼（三十八军政治部副主任）等二十余人。特别是在北京访问了一直跟随杨子荣的侦察员魏成友（八宝山砂石厂职工家属居民委员会主任），他当时和杨子荣一起活捉“坐山雕”，杨子荣牺牲时他也在场。同时查阅了经常跟随杨子荣活动的侦察班长孙大德（外号孙长腿，北京中医学院附属医院总务科副科长，“文革”中被“四人帮”迫害而死）的档案。还访问了杨子荣烈士的家乡和亲人，同时查阅了一些黑龙江地区剿匪档案史料。

这样就把杨子荣的革命斗争事迹基本调查清楚了。他的英勇无畏的剿匪战斗事迹十分惊险、感人。杨子荣是一位非常优秀的中国共产党党员，他对党无比忠诚，对人民无限热爱。在工作和战斗中，无所畏惧，勇担重任，令人可敬、可信、可亲。他在牡丹江地区的剿匪战斗中，虽然只有短短的一年时间，却侦察战斗上百次，立下赫赫战功，并为人民的解放事业献出了三十一岁的年轻生命。他大智大勇的战斗事迹和崇高的革命精神，令人十分敬仰，并受到极大的激励和启迪。能为英雄作传，书写平生，弘扬烈士的光辉业绩，我感到非常荣幸。

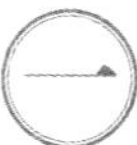

闯关东历尽苦难　反欺压回归家园

1942年3月的一天，在日本侵略者统治下的我国东北南满千山地区，一个采石灰石烧洋灰（即水泥）的矿场上，一群矿工正在汗流浃背地采矿石。他们有的抡着大铁锤往岩石里打钎子，有的狠砸劈下来的大块矿石，“叮叮当当”响成一片。

日寇为了支撑已经十分疲困的侵略战争，更加疯狂地掠夺战争物资。这个烧洋灰的采石场，也和其他生产场所一样，鬼子监工凶狠地逼迫矿工们拼命地干活。他们把中国的工人当牛马一样使用，骂中国工人是“臭苦力”。矿工们吃的是发霉的高粱米和苞米面，而且吃不饱，一天要干十二三个小时的重活，工钱却非常低，还要挨打受骂。矿场上，鬼子工头嫌矿工们干得少干得慢，不住地叫骂。

干活的人群中突然倒下一个五十多岁的老工人，他连饿带累，浑身无力，实在支持不住了，眼前一黑栽倒地上。鬼子工头富永村一看见急冲过来，举起胶皮条拧成的鞭子对老工人狠狠抽打，嘴里还叫骂着：“懒猪，八嘎，快快起来干活！”老工人被打得“哎哟哎哟”直叫，两手抱着脑袋满地滚。工人们看着都很气愤，但一时没人敢上前阻拦。

“住手！”随着一声大喊，一个二十五六岁，高个、壮实的青年矿工奔过来。他穿着一身破旧的黑色衣裤，但人却挺精悍，细腰宽肩，浓眉大眼，脸上长着络腮胡须。他冲到跟前，冲鬼子富永愤怒地说："你没看见他有病吗？干不动，还这样打，再打我们都不干了。"

富永这家伙三十多岁，个子不高，胖的像头猪，一脸横肉，鼻子底下一撮"卫生胡"，两只老鼠眼闪着凶光。他一看过来的是"小把头"杨宗贵，有点心惧，知道他平时敢说话，好打抱不平，在工人中有威望。但仍不把他放在眼里，像没听见似的，继续毒打倒在地上的老工人。

这个叫杨宗贵的青年人被激怒了，见富永仍不住手，就一把抓住富永的手腕，他那经常抡大锤的手十分有力，如铁钳子一般，掐的这个家伙"哎哟"一声扔了鞭子。富永吃了亏，丢了面子，不禁恼羞成怒，气得"哇啦、哇啦"直叫，还挥拳向杨宗贵打来。杨宗贵没有后退，叉着腿站在那里，待富永的拳头打到眼前，他猛地抓住对方的小臂，使劲一拉，右腿迅速插到富永的两腿中间，用力一绊，这家伙"咕咚"一声摔倒在地上，来了个嘴啃石头，满嘴流血，两颗大板门牙也磕断了。

富永吃了大亏，哪肯罢休，他爬起来又猛扑过来。杨宗贵早就恨透了小鬼子，心想反正是惹了"祸"，没个好，干脆一不做二不休，狠狠地教训教训这家伙，也算出出胸中的闷气，替被欺压的工友们报报仇。于是施展出他学会的一点武功，勾拳飞脚，把富永痛打了一顿，直打得狗东西趴在地上起不来，才住了手。然后杨宗贵转身对围上来的工友们大声说："老少爷们儿兄弟，我今天打了鬼子工头，他们是不会放过我的，我不能在这儿干了，我得走！我也顾不得你们了，你们能干就干，不干也可以散伙，咱们后会有期！”说完，他向大家一抱拳，头也不回地向山下工棚子跑去。工友们大声喊着：“杨宗贵，你不能走！”还有的喊着：“要走俺和你一块儿走！”有几个青年工人真的跑下山追他去了。

这个敢打鬼子工头的“小工长”杨宗贵，他不是别人，正是本书的主人公，后来成为举国闻名的特级侦察英雄杨子荣。

杨子荣，原名叫杨宗贵，“子荣”是他的字。1917年1月28日（农历丁巳年正月初六，属蛇）出生在山东省牟平县嵎岬（Yújiǎ）河村（今属宁海镇）一户贫苦农民家里。嵎岬河村在牟平县城南五公里处，这一带丘陵起伏，土质不好，农民生活都很贫困。

杨子荣的父母都是农民。父亲杨世恩，会泥瓦工手艺；母亲宋学芝，操持家务。他有一兄一姐一妹，他排行老三。杨家很贫苦，杨子荣四岁时就和姐姐、哥哥、妹妹跟着爹娘去闯关东，寻找活路，落脚在辽宁省的安东市（今丹东）郊外大沙河村。爹爹当瓦工，给人家修屋盖房，姐姐进一家名叫“志昌永”的缫（sāo）丝厂当童工。父女俩整天起早贪黑拼死拼活地干，还是养活不了一家人，娘只得背着妹妹，拉着杨子荣和比他大三岁的哥哥杨宗福，到处捡破烂。就这样还是填不饱肚子。实在没办法，只得爹和姐姐留在安东继续干活，娘带着杨子荣兄妹三人又回到牟平老家，靠种四亩薄地和讨饭度日。就是这样的苦日子，娘还是供杨子荣念了两年私塾，娘深深尝到不识字受欺辱的苦处，期望儿子有一天能挣出苦海。

杨子荣十三岁时，娘又托乡亲带他第二次从黄县龙口坐船下关东，到安东找他爹和姐姐，在当地农村又念了两年小学。后来无钱继续读书，杨子荣也到姐姐所在的缫丝厂里当童工。缫丝是季节性的，一到秋天，附近山区的柞蚕茧收下来，蚕农们有的用车拉，有的用肩挑，送到缫丝厂出售。这时是缫丝的旺季，杨子荣和许多小童工一起，整天站在热气蒸腾的大铁锅旁煮茧或来往搬运货物。工棚子里又热又潮，弥漫着浓重的令人窒息的水汽。沉重的劳动压得小童工们直不起腰来。而旺季一过，厂子里没有活干，杨子荣就和其他童工一起被辞退，再到别处去做短工。他就是这样拼命劳动，也还是挣不到多少钱。

日本帝国主义侵占东北后，劳动人民的生活更加困苦。杨子荣老爹被抓劳工去了黑龙江北部的孙吴县，后来累死在那里。姐姐也离开安东去了孙吴，只剩杨子荣一人独自闯荡奔波。为了生活，他什么重活都干，曾到鸭绿江码头搬运木材、扛大个；也当过船工，在风吹雨淋和烈日暴晒下逆水拉纤；还到深山老林中当过伐木工人、放过木排；也给山里人家劈柈子，给大户人家护院，尝尽了人间的苦楚和心酸。

1938年后，杨子荣又来到鞍山、大孤山一带当矿工，采铁矿石。当矿工生活更艰辛，在两年多的时间里，他天天在山洞里运矿石，一天干十几个小时，还经常遭受日本工头的毒打，这期间杨子荣也曾回过牟平老家看望母亲、兄嫂，然后又回到东北。

1940年，他来到千山地区这个采石灰石矿场后，由于好见义勇为，愿为工友们出头办事，大家都乐意接近他，和他交朋友，并推举他当了“小工长”，他在工人中很有威望。他在矿上用过“杨子荣”这个名，还刻了一个“杨子荣印”的名章，用它领过工钱，但工友们都习惯叫他“杨宗贵”。

杨子荣痛打鬼子工头富永村一的壮举就发生在这里。这个石灰石矿场，有三个日本鬼子工头，富永村一是最坏的一个，他经常克扣工人工钱，看谁不顺眼不是骂就是打。杨子荣已经因为这家伙少给几个工友工钱，和他争吵了几次，早就憋了一肚子火。今天他又毒打老工人，杨子荣实在忍不住了，就豁出不干了，也要出出胸中的闷气，于是把这家伙狠打了一顿。杨子荣深知日本鬼子是不会放过他的，他不能在这里等死，还是三十六计走为上。他赶紧回到工棚子，把自己的小行李卷收拾起来，当月的工钱也不要了，在几个工友的帮助下，匆匆离开矿场。他又走了几十里路，来到火车站，坐上去大连的火车。到大连后，又几经周折，搭上一艘货船，渡过渤海，才逃离了伪满洲国，回到山东省牟平县嵎岬河老家。

在东北的十几年里，杨子荣一直生活在社会底层，干过各种劳苦活，接触了下层社会的许多人，其中大多数是靠劳动谋生的平民百姓，但也有些社会渣滓(zhāzǐ)，有流氓、烟鬼、赌徒、小偷、强盗和土匪。他还接触过“家礼教”等民间帮会团体。这些人聚在一起，无所拘束，无话不谈，什么天上地下、古今中外、山南海北、英雄豪杰、绿林响马、黑道会门、民间传说、三教九流，等等。特别是东北地方的风俗人情、野史逸闻、行帮活动及暗语黑话等，大大丰富了杨子荣的社会阅历和世故人情方面的知识。杨子荣还特别喜欢《三国演义》《水浒传》《说岳全传》等古典小说和武侠小说，他舍得花小钱买这些旧书，下工后夜里看和请识字比他多的人念给他听。他非常聪明，记忆力特别强，这些书他看后听后都能从头到尾讲出来，而且有声有色，和说评书的一样。他还从中学到许多计谋和兵法战术，也培养了他的正义感和民族气节，以及勇于反抗斗争、惩恶扬善的精神。

杨子荣还跟会武功的人学了一些拳脚功夫，对付两三个人不用太费力气。由此他更胆大心细，足智多谋，机敏果敢。这些对他后来参加人民军队，成为一名出色的侦察员，多次深入匪穴，表现出惊人的大智大勇，都是有着密切关系的。

杨子荣家乡——山东省牟平县嵎岬河村

杨子荣家乡——山东省牟平县隅岬河村大街

杨子荣旧居院门

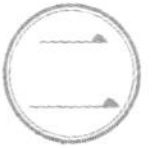

求解放胸怀大志　为革命毅然参军

杨子荣回到家乡后，靠打短工维持生活，后经人说媒，于当年农历七月二十五日，与本县武宁乡邵家沟贫农徐文利的女儿徐万亮成了亲。婚后，娘把他和哥哥分了家，他分得二亩薄地、一头小黑毛驴，老娘也和他一起过。他们夫妻感情很好，两年后生了个小女儿。

当时牟平县的农村处于敌我“拉锯”状态，中共党组织建立了抗日民主政权，表面上应付敌人，实际为八路军服务。村里还成立了民兵组织，杨子荣也当了民兵，他媳妇参加了青妇队。在党组织的教育下，杨子荣提高了政治觉悟，积极参加抗日斗争。他参加过一些小规模战斗，埋过地雷，进一步锻炼了他的战斗本领。他这时的身体也更加魁伟，尤其两只眼睛更加明亮、犀利，盯着人叫人生畏，好像能把人的心都看穿似的。他的身上有一种“英风侠骨”的气质，显得特别精明强悍、敏捷豪放。

1945年8月中旬，日本侵略者溃败投降，杨子荣的家乡解放了。这时八路军攻打烟台，杨子荣所在的民兵队伍也配合部队参战，他表现英勇，一个人从火线上连续背下三名伤员。

这次战斗结束后，胶东军区所属部队进行扩编，由地方组织动员农村党员、村干部和民兵参加正式部队。嵎岬河村干部孙克亮在村子里进行参军动员，杨子荣听到这个消息非常高兴。他知道日本侵略者虽然垮台了，但敌伪残余势力还存在，国家还没有统一，封建官僚、地主恶霸还没有打倒，穷人还在过苦日子，革命还需向前发展，他要为穷苦人继续打天下，决定报名参军。

他本想和老娘、妻子商量好，得到她们的同意后再报名，但他又想到自己的家庭处境，她们不会同意。他的小女儿刚患病夭折不久，妻子还想再要个儿子，怎么能同意他离家远走呢？老娘一辈子贫穷，受够苦难，刚过上解放的好日子，人也老了，她是不会答应他再抛家舍业远走他乡的。他思想斗争很激烈，报名前一夜未睡好，最后决定还是不告诉她们，参军后再和她们说，那时不同意也不行了。

杨子荣是他们村子里第一个志愿报名参军的，当时已二十九岁。他自己参军觉得太孤单，就又找他的邻居，也是好朋友韩克利一块儿参军。韩克利在他的劝说下，也同意报了名。农历八月十三（公历9月18日）这天早饭后，杨子荣对娘和妻子假说民兵有任务到区上出趟差，就告别了家人，赶到村公所。村党支部书记孙承祺和农救会长于洪基问他是否已做通了家里的思想工作，他笑着回答说："通了！"就这样两位干部亲自把本村报名参军的杨子荣、韩克利二人送到王从村第七区公所。在区里集中后，又送到牟平县城南关雷神庙招兵站检查身体。当时杨子荣曾问韩克利："你报真名假名？"韩克利说："我就报真的。"杨子荣说："我得换个名。"他当时没有告诉韩克利换个什么名，实际他报的就是“杨子荣”这个名，但韩克利不知道。以致他离家后，始终未给家里写信，家乡一直不知道全国宣传的大名鼎鼎的侦察英雄杨子荣就是他们村的杨宗贵，从而多年来找不到英雄的家乡，直至“文化大革命”后，才经过许多周折，查明此事。此是后话，暂且不多赘述。

再说，杨子荣和韩克利在雷神庙住了一夜，第二天到附近的王贺庄检查身体，杨子荣样样合格，符合标准军人的条件。而韩克利却因为眼睛有毛病不合格，没有选上，杨子荣帮他说了不少好话，仍未能通过。

杨子荣参军走后，娘和妻子等了他一天没回来，就去问村干部，这才知道杨子荣背着他们参军的事，都很生气。婆媳俩先赶到王从村，村里人告诉她们说部队已开走，到县城边上的雷神庙去了。

第二天一大早，婆媳俩又追到雷神庙。当时正在大庙院儿里开欢迎新兵大会，新兵都集合坐在地上，听一个穿黄军衣、挎盒子枪的部队干部讲话。徐万亮在人群中寻找杨子荣，很快发现了那熟悉的身影，便用手指给婆婆看：“那不是他么？”

有几个新兵发现门口站着一个穿红袄的年轻妇女向院子里张望，就都不好好听讲，扭回头直朝徐万亮看，她不好意思地藏到婆婆身后。讲话的人也看到了这婆媳俩，就笑着对新兵们说：“那是谁的家属？是不是来拖后腿的？”杨子荣听了也回头看，见是娘和妻子来了，就站起来向讲话的人报告一声，走出队伍，跑到她们面前。老娘板着脸狠狠地责怪儿子，为什么不告诉家里偷着走。杨子荣无话可说，只得承认自己不对，向娘俩说好话，做解释，说他是为了去解救更多的穷人才参军的，并向娘表示一定不给她丢脸。见儿子心意已定，又走的是正路，还能说什么，娘尽管心里很难过，也只得同意了。

徐万亮见到丈夫默默地流眼泪，婆婆走到一边，让他们夫妻俩说说离情别话。杨子荣先向妻子承认错误，不该不告诉她就走，主要是怕她太伤心。最后深情地对她说："俺娘就托付给你了，你要照顾好她，过些日子我就请假回来看你们……"这时队伍集合启程了，杨子荣留恋地看了老娘和妻子一眼，就跑进了队伍。队伍向南开走了，徐万亮和婆婆跟着往前走了一段儿路，一直看着队伍走远了，看不见影了，还在那里望着望着，她们哪里会想到这一别竟成永别，再也没能见面。

杨子荣参加的部队，是胶东军区"海军支队"，关于这支番号特别的部队，还有一段往事需要交代一下。几年前，在威海的刘公岛、龙须岛住着汪精卫伪政权的海军，番号是华北要港司令部练兵营。1942年太平洋战争爆发后，为了扩大侵略战争，日寇先后从北平、天津等地募集了一批青年学生和失业青年，补充兵员不足的刘公岛海军。这批青年大多数因生活困难，走投无路或无知上当受骗，来到这被称为"水牢"的刘公岛，接受紧张的训练和从事繁重的劳役。他们长期受日寇的压迫和奴役，逐渐感到为日寇当鹰犬炮灰只能是死路一条，从而激起了民族自尊心。在这个练兵营中，以卫兵队少尉队长郑道济和上士教练班长连城、毕昆山等爱国青年为首，秘密串联了六名骨干，经过四个多月的思想酝酿、严密组织和充分准备，终于在1944年11月5日下午1时30分举行了六百余人（包括家属一百余人）的起义。经过五个小时的战斗，解决了岛上所有的敌伪机构，摧毁了汪伪海军势力最强的华北要港司令部，解放了海员，歼灭了威海返岛的敌伪军，打死日寇十七名、伪军校官、尉官十余名。起义队伍把武器弹药军需用品和粮食等生活物资，装上一艘大船“同春号”运输舰和三艘小舰艇，于当夜离开刘公岛，航行到双岛港以北的海面上。为躲避敌人海上追击，第二天早晨在文西县双岛港西岸弃船登陆，下午进到夏家疃（tuǎn）和相邻的东场村。在这里，郑道济召集村民讲话，说明他们是起义伪军，让老百姓不要害怕，并把船上的粮食送给了群众。郑道济还向起义队伍讲话说：“弟兄们，我们的暴动成功了，我们再也不当亡国奴了，再也不受那个洋罪了！‘国家兴亡，匹夫有责’，你们都是爱国的热血青年，我们要组织成一支抗日的队伍，杀鬼子灭汉奸，为国家出力，为无辜被杀的同胞报仇！”听了郑道济的慷慨陈词，士兵们热血沸腾，情绪高昂。

黄昏后，队伍离开夏家疃和东场村，向牟平方向进发。7日拂晓，到达烟（台）威（海）公路必经之处、依山近海的“双林前村”，疏散隐蔽在村外的树林里。

当起义队伍开到抗日民主根据地边缘区夏家疃时，当地抗日组织即向上级报告。东海军分区党委接到情报后，分析可能是威海伪军一支起义队伍。于是决定调动地方部队进行跟踪，到双林前村形成包围之势。

郑道济原来的打算，是想在牟平找个地盘，竖起抗日旗帜，即不跟国民党走，也不跟共产党八路军，要自己单干，成为一支独立的抗日队伍。他的这种想法是很幼稚和不现实的，在日伪、国民党和共产党八路军三方面的斗争中，想谁也不靠，独树一帜，是根本不可能的。

这时八路军派人给起义队伍送信，对他们弃暗投明、英勇杀敌的行为表示敬佩，欢迎他们参加八路军共同抗日，并请他们派人上山谈判。郑道济接到信后，开始有些疑虑，连城劝他说："咱们从刘公岛出来，不就是为了抗日吗？八路军打鬼子是坚决的，我们参加八路军有什么不好。既然人家欢迎咱们反正，共同抗日，咱们就投靠八路军吧！"郑道济在他的劝说下，又经多人反复磋商，同意了大家的意见，并确定了谈判的三个条件：一、愿意参加八路军，服从命令听指挥，但不是缴械投降；二、队伍不拆散，不改编，干部不受训；三、家属要给予妥善安排。

最后派连城上村南刁儿山，与东海军分区敌工股股长辛冠吾同志见面。辛冠吾首先表示对他们的起义很敬佩，然后谈了当前的抗日斗争形势，日寇已经穷途末路，真正抗日的只有共产党八路军，你们要真想抗日，就应该参加八路军。他在听了连城提出的三条意见后，很高兴地说："你们愿意参加八路军，我代表胶东军分区和东海军分区首长，对你们表示热烈欢迎。"接着又解释说："你们参加八路军是光荣起义，当然不是缴械投降，队伍肯定不拆散不改编，你们放心好了。至于干部受训问题，你们可能是听了敌人的反动宣传，把受训误解了。八路军训练干部是为了培养提高，恐怕到时候你们会要求受训的。家属的安排比你们想象的还要好。”他又用征询的眼光看着连城说：“八路军说话是算数的，你们还有什么顾虑？”连城兴奋地表示没有了。辛冠吾说：“那好，双林前这个地方离大海很近，是个边缘区，为了你们的安全，应该迅速转移。你们回去准备一下，今晚7点向根据地出发。”

谈判成功了，起义部队欢呼起来，山上的八路军也欢呼起来，山上山下一片欢腾。傍晚，郑道济带领队伍在抗日军民欢送下，向根据地腹心奔去，投进了中国共产党的怀抱。11月中旬，山东军区正式授予这支部队为“山东胶东军区海军支队”番号（简称“海军支队”），并于11月22日晚在文西县铺集镇召开命名大会，郑道济被任命为支队长，他代表全体指战员庄严宣誓，从此成为中国共产党领导下的一支重要抗日武装。

杨子荣胞兄杨宗福

水沟头整编部队　渡渤海重返东北

“海军支队”成立后，为了以这支部队为基础，将来革命胜利后建立正规海军，部队对其加强领导、充实力量、扩大队伍，以改造提高。胶东军区陆续向该支队调进一些人员，首先是党员和领导干部，其次是从八路军老部队十三、十四团抽出一百多名党员干部、战士，再就是由抗日民主根据地各中学，即胶东公学、文牟联中、北海中学等学校抽出一百五十名党员和优秀学生。充实后的“海军支队”，是团级建制，支队长仍为郑道济，政委由胶东军区政治部主任欧阳文兼任，副支队长王子衡，继任田松，政治处主任李伟，副主任房定辰。下分四个中队：第一中队政委罗江，第二中队政委刘金凯，第三中队政委王日轩，第四中队政委曲波。这支队伍经过近一年的开荒生产、政治教育、军事训练和开展群众工作及实际战斗，到1945年8月日本战败时，已成为我党我军领导下的具有一定政治水平和战斗能力的知识分子占多数、文化水平比较高的革命武装队伍。

日本侵略者宣布投降后，日伪军并没有立即放下武器，仍在顽抗。“海军支队”参加了青岛外围即墨城的攻坚战，消灭日伪军一千二百余人，解放了县城。完成任务后，于9月间，

“海军支队”撤到莱阳县西部水沟头村（即今莱西市）驻防。按照上级指示，针对蒋介石抢夺抗战胜利果实，继续发动内战的阴谋，我军要进行一定时期的自卫战争，需要战斗部队，暂时不能建立正规海军，为此对“海军支队”进行新的整编，扩大为陆军师级建制，将原有的四个中队扩编为两个大队六个中队，人数达一千余人。支队主要由副支队长田松和副政委李伟两位同志负责指挥，所以后来也叫“田松支队”。杨子荣等五百多新兵，就是这时由文登、牟平两县来到水沟头村，编入“海军支队”的。杨子荣被分到二大队六中队。二大队大队长连城，副大队长肖永志（党员），政委曲波，副政委王日轩；六中队队长陈庆。

由于杨子荣二十九岁的年龄比队里所有的干部、战士都大，就分配他到炊事班做饭。杨子荣没有怨言，他认为只要是革命工作都应该好好干。

部队在水沟头村进行了一段时间政治学习和练兵，以提高新入伍战士的思想觉悟和战斗能力。杨子荣积极学习政治，每天做完饭，也到训练场上跟着学瞄准射击和投弹刺杀，苦练杀敌本领，思想觉悟有了更大提高。他深刻认识到干革命不是为了报私仇，不是为了升官发财，而是为了解放全中国受压迫受剥削的劳动人民。从此，他由一个朴素的农民逐步成长为自觉的革命战士。

为了粉碎蒋介石发动内战的阴谋，建立巩固的东北根据地，党中央先后派遣二十一名中央委员、候补中央委员，包括四名政治局委员，还有二万名干部和十一万大军进入东北，领导东北人民进行革命斗争，消灭日伪残余势力，保卫抗日战争胜利果实，开创东北根据地。

杨子荣所在的“海军支队”，也是奉命开赴东北的一部分，为了严守军事秘密，当时没有向战士们宣布去向。部队于10月21日从水沟头出发，步行北上。杨子荣挑着炊具跟着队伍行军，为了减轻战士们的疲劳，活跃情绪，他边走边讲些故事、笑话，逗得小伙子们哈哈大笑，路走得更轻快了。而到休息时，他忙完烧水、做饭的任务后，小战士们就围他坐一圈，杨子荣叼着小旱烟袋，活灵活现地给大家来一段，将他过去受的那些苦、坎坷的遭遇、丰富的社会阅历和满肚子的故事讲给大家听，对战士们起到了很好地团结和教育作用，从侧面帮助干部做了不少政治思想工作。中队领导对他很喜欢和重视，鼓励他多发挥这些长处，由此杨子荣成为队里有点名气的好同志。

10月24日，队伍开到黄县龙口镇，这里是渤海边上的一个小港，也是渡海北上的码头。六中队被安排住到一个大院里，战士们看见大海都很高兴。杨子荣过去闯关东就是从这里坐船过海的，他一边做饭一边琢磨：“队伍是不是要往东北开，不然到这里来干啥？”但他没有对别人说，这是军事纪律，不能乱猜测。

而事实正如他所想的，部队就是要从这里渡海进入东北。晚上，中队干部开会回来向大家传达上级指示：国民党蒋介石调兵遣将要独占东北，我们不能把胜利果实白白送给他，我们更要快，抢先开进东北。

第二天上午，部队开始轻装，把一部分枪支留下给地方部队，到东北去用日本的枪炮武装。军服也上交，每人改发一套黑夹袄裤，防备在海上遇到美国军舰，看出是八路军，遭到袭击。杨子荣和炊事班的同志，跟事务长到兵站给每人领回来两张大锅饼和一些咸鸡蛋、咸菜，准备在船上吃。他们还到街上买了牛肉，回来包饺子，这是离开家乡前的最后一次改善生活。

在街上，杨子荣碰到妹夫王明惠。王明惠是胶东军区司令部的汽车驾驶员，听说“海军支队”要开往东北，特地借了一辆军用摩托骑着赶到这里，劝杨子荣留下。他说娘老了，嫂子连个孩子也没有，你愿意当兵留在当地也行，他可以和军区首长说说。但杨子荣没有听，他有自己的观点，他对妹夫说：“我当然也舍不得离开家，可是咱是革命军人，不能想参加就参加，想离开就离开，不能只顾自己，要为全国的穷人打天下。你回去替俺看看娘，告诉她们，就说俺很好，不用挂念，等革命胜利了，俺就回家去种地。”王明惠见说不动杨子荣，只得怏怏地走了。

25日下午，部队紧急集合出发，在码头上支队首长再次讲话动员，说明挺进东北是党中央的重大战略决策，我们要坚决执行，并号召干部战士在解放东北的斗争中，多立功当英雄。

部队坐上十条大木帆船和三艘渔轮，驶向茫茫的大海。夜里刮起大风，船颠簸得很厉害，战士们在船舱里东倒西歪，一会儿就折腾得呕吐起来。杨子荣坐过船，还能够挺住，他忙着把大家吐出来的东西收拾起来扔到海里去。晕船的战士们一个个头昏脑涨，浑身疲软，无精打采，不管杨子荣怎样卖力地鼓动说笑，大家也兴奋不起来。

第二天早晨，风平了，浪也小了，大家走出船舱，透透空气，还好一些。经过半天和一夜的航行，快到旅顺口的小平岛了。这时突然有一艘巡逻艇开过来，他们以为是碰见美国军舰了，都很紧张。巡逻艇靠上木船，用绳子拴住，几个白皮肤、高鼻子、蓝眼珠的外国军人跳到木船上搜查，把战士们的枪支弹药都给扔到海里去了，大家一时不知怎么办才好。

杨子荣看他们的长相和听着他们叽里咕噜地说话，明白了，他们不是美国兵，是老毛子，苏联军人。他过去在东北见过白俄人，能听懂一点俄国话。他告诉中队干部，这些人是苏联兵。中队里的张继尧会说几句俄国话，就出来和他们搭话、解释，说我们是八路军，要到东北去。他连说带比画，但人家听不懂，还是照样搜、照样往海里扔。后来张继尧说了句："你们是布尔什维克党。"他们似乎听懂了，停止了搜查。张继尧又说："我们是毛主席派来的。"他们跷起了大拇指，好像明白点船上的人是干什么的，但还是不放行，把两艘船拉到小平岛，把战士们赶上岸，关到一个马圈里。

中队领导带着张继尧去和驻岛苏军负责人交涉，说明自己是山东八路军"海军支队"，奉党中央命令开赴东北，协助苏联红军作战，怕在海上遇到美国兵舰，部队才换上便衣。苏军军官用电话和上级联系，知道八路军确实有这么一支部队开来东北，这才在第二天早晨放行。战士们都很生气，认为"苏联老大哥太不够意思了！……"

"海军支队"乘坐的十三艘船在海上遇风后散开了，杨子荣他们坐的两艘遇上了苏军巡逻艇，其余的均越过了小平岛，于10月27日先后到达了辽宁省的庄河海岸，在这里涉水登陆。

先期到达这里的山东军区六师办事处给部队安排了住处和伙食。

支队副政委李伟赶赴安东，向刚成立不久的辽东军区司令部司令员兼政委肖华同志汇报情况，请示任务。为了适应东北的形势，肖华指示“海军支队”将番号改为“东北人民自卫军辽南三纵队二支队”，休整几天后，即由田松、李伟二同志率领开往北满地区，开辟根据地，发动群众，扩大队伍。肖华还说：“东北的斗争形势很严峻，国民党已由美国军舰海运到东北两个军，他们主要是抢占铁路干线和大城市，我军现在阻挡不了，我们只有先占中小城市和广大农村，北满是我们要争夺的一个重要地区。”

形势和任务明确后，李伟迅速赶回部队进行传达。11月7日，二支队离开庄河，直奔凤凰城，又经宽甸、桓仁，到达通化。在这里和苏军交涉，部队坐火车到吉林市南边的口前车站。当时苏联与国民党政府签订了友好条约，公开场合只和国民党打交道，所以再往前走就不让二支队坐火车了。

为了弄清吉林地区的情况，支队首长便装进入吉林市，找到地方党组织，了解到吉林北部和哈尔滨南部地区苏联红军已撤走，大部分地区已被国民党“先遣军”（反动地主、土匪武装）所控制，没有关内开来的八路军老部队，斗争形势很复杂。他们对二支队的到来很高兴，有了自己的大部队，可以很快改变不利的局面。支队领导决定，坚决消灭吉北、哈南一带几个县的反动武装，缴获武器军需装备自己，宣传发动群众，扩大队伍，建立地方人民政权，从而打开新的局面。

四

乌拉街歼敌获胜　立战功光荣入党

二支队绕过吉林市区，向北进入永吉县境。他们了解到在松花江东岸的乌拉街，盘踞着一股匪军，决定采取远距离奔袭战术，出其不意消灭敌人。

11月26日，部队迎着风雪前进到松花江边，江水还没有结冰，需要从这里渡江。但渡口附近的船都被敌人控制到江对面，企图凭江顽抗。

担任攻打乌拉街任务的二支队领导很焦急，没船过江成了大问题，大队和中队干部急得直转转，连着开会研究怎样渡江。杨子荣熟悉东北地理民情，他听到为找船犯难的事，就主动向班长提出，他可以去试试，找找船。班长向中队干部报告了杨子荣的请求。中队领导从和杨子荣的几次谈话中，知道他在东北干“苦力”十几年，熟悉地方情况，而且一路上的表现也很突出，相信他能有些办法，就同意了他的请求。还带他去大队队部见曲波政委。曲政委听了很高兴，就恳切地对杨子荣说：“现在解决船是最大的问题，相信你一定能够找到。”杨子荣坚决地回答：“我一定尽力完成任务。”

杨子荣装扮成打鱼人，顺着江边往上游走去，身上只穿着一身破旧的单衣服，冻得直发抖。他仔细查看着江边每一处树丛、苇塘和沟岔。天黑了，他仍摸索着往前走，摔倒了，爬起来，继续找，一直走了三十多里，终于在一条江岔子里发现一艘大木船，能坐二十来人，他非常高兴，急着去找船主。他四下搜寻，见不远处有点亮光，就直奔过去。这是一间小茅草屋，他轻声敲开门。

门开了，主人是一个四十多岁的贫穷妇女，船正是她的。杨子荣向女主人说明自己是从关内来的八路军，要过江去打乌拉街的土匪，借她的船用用。女主人听了爽快地答应了，因她也深受土匪之害，前几天她丈夫就是被土匪抓去干活，还没放回来。杨子荣和女船主上了船，快速地向下游划去，天亮时船开到渡口附近，杨子荣让她把船隐蔽在一片柳树丛里，他跑回队部报告。

听说找到船了，曲波政委非常高兴。经过一天的准备，黄昏时开始渡江。这条船每次顶多运二十人，队部计划先把突击队运过去，控制住渡口，然后再运送机关人员，但速度太慢。大队首长提出部队可否泅渡过江，只是不知江水深浅。杨子荣又主动请战，下水试探。当时已是十一月下旬，江水虽未结冰，但冰凉透骨。他下水游了一个来回，不算太深。首长下命令会游泳的战士泅渡，就这样连船运带泅水，八百多人很快渡过江。

敌人万万没想到我军会这么快就渡过江，因而放松了警戒，我军快速奔袭乌拉街，猛打猛冲，很快冲进街里，消灭了匪军二百多人，活捉了匪首关团长。

接着二支队又打下白旗屯、腰崴子。部队乘胜前进，12月

15日攻占朝阳、舒兰，27日进军榆树镇，在这里过的1946年元旦。

这天部队买了猪、糖果等改善生活。早饭后，队伍开大会庆祝胜利，曲政委在会上表扬了杨子荣，表扬他在乌拉街战斗中找船有功。接着大家唱歌表演节目，杨子荣给大家说笑话，逗得战士们笑得直不起腰来。

曲政委和杨子荣又谈到侦察问题，杨子荣说要搞好侦察，除了胆大心细，随机应变，还得会化装、表演，装什么像什么，才能不被外人识破，易于和各种人接触，探听到真实情况。曲政委想试试杨子荣的化装能力，就笑着对大家说："那好，就请杨子荣同志给咱们化装表演一次好不好？"

"好！"战士们异口同声地回答。

杨子荣很自信地说："我化了装走在街上的人群里，你们认不出来。"

曲政委不相信，摇着头说："不管你化装成什么人，我也能认出你来，认不出，我买糖请客！"

"好，一言为定，过午，我就在赶完集往回走的人群中，从队部驻地门前过，你们站在道边上看着，认不出，曲政委可别赖账！"

说完他就准备去了。

午后，曲政委带着几个同志站在道边上观察，县城的街道上行人较少，很容易看清楚。他叫大家注意，仔细查看走过去的每一个人。结果谁也没认出来，人都走光了，还没找出杨子荣。正在他们着急时，一个早已走过去的病弱老头子又走回来。这个老头满脸苦相，胡子老长，头上顶个瓦盆，身穿破棉袄，拄根木棍子，左胳膊还夹了个瓦盆，弯着腰，一步一挪，嘴里直哼哼，看样子病得很重。这个病老人他们也都看到了，还都很同情，但没引起注意。待老人走到曲波政委的身旁，拍着他的肩膀说："怎么样，曲政委，看出来了吗？"这时曲波才认出是杨子荣，大家也都哈哈笑起来，跷起大拇指说："真是装得太像了，政委赶快拿钱买糖吧！……"

过完元旦，1月3日，二支队解放了五常县城，活捉了自称宋司令的维持会长"宋阎王"，消灭了他的反动队伍五百余人。

二支队攻占五常镇后，在这里进行短期休整。支队首长前去宾县，向中共北满分局领导汇报。分局指示由田松任支队长，李伟任政治委员，并将支队下属的两个大队扩编成一、二两个团，中队和小队改为营、连。同时准备调二支队进驻哈尔滨附近，担任警卫任务。

在北上的行军途中，杨子荣一直表现很突出，他不怕苦不怕累，发扬团结友爱精神。战士们谁有了伤病，他都特别关心，单独给做点好吃的。尽管他自己挑着炊具很重，有时还帮助小战士扛扛枪，背背包。到宿营地后，他做完饭，积极帮助房东干活，向群众宣传革命道理。一路上有三十多名青年，在他的启发动员下，先后志愿参军。为此，他被评为"扩军模范"。在攻打白旗屯、朝阳、舒兰等地战斗中，杨子荣还几次冒着炮火把饭送到战士们跟前，并帮助抢救伤员，有时也拿起伤员的枪向敌人射击。在战斗的关键时刻，他主动地给干部们支支招，出点好主意，当当参谋。他高明的见解和勇敢精神，深受干部们的重视。

队伍整编后，人员也有所调整，这时杨子荣也人尽其才，被调离炊事班，到二团三营七连一排一班任班长。三营当时代营长刘春晓，教导员林建义。由于杨子荣立场坚定，政治觉悟高，工作积极，战斗勇敢，根据他的请求，党支部讨论通过，吸收他加入了中国共产党，从此他成为一名光荣的共产党员。在讨论他入党的会上，杨子荣激动地向党表示决心说："凭我老杨这条枪，这身力气，一定要在党的领导下，和阶级兄弟一起，把阶级剥削、阶级压迫的根子全挖掉，打出一个共产主义来！"

几天后，上级来通知，说牡丹江地区形势紧张，时局混乱，土匪活动猖獗，调二支队急速开赴牡丹江地区。

部队东进的必经之地有个小山子村（今五常县胜利乡），距五常镇七十多里。小山子周围山高林密，地势险要，易守难攻。据抓到的"宋阎王"交代，小山子驻扎着刘国良的土匪武装，还有女匪首"一枝花"，能双手打枪，非常凶狠。为了搞清小山子匪军兵力，二团曲波副政委派杨子荣前去侦察。杨子荣去了两天，了解到土匪有五百来人，村子地处高岗，四周有坚固的土围墙和碉堡。我二支队当时已有一千五百余人，打小山子是有把握的。1月16日，当我军开赴小山子村西门外的宋家店时，遭到匪军的阻击。担任前卫的二团向敌人进行英勇的攻击，战斗十分激烈。这时发现敌人火力很强，人数也大大增多，我军伤亡较大。

原来敌人得到我军东进的消息后，国民党新编二十七军一〇六师师长刘昨非（原珠河县伪警务科警防股长），纠集了冲河的薛连峰、延寿的兰玉礼、小山子附近的陈振东、八家子的王明德及张奎甲等多股土匪队伍，一起进入小山子，总兵力达到一千七百多人，号称五县（五常、珠河、苇河、延寿、方正）联合纵队，气焰十分嚣张。女匪首“一枝花”边打边叫喊：“土八路来吧，尝尝姑奶奶的厉害！”双手开枪，打死我军好几个战士。

战斗持续了一天一夜，小山子没有攻下来，我军前进受阻。这时曲政委又派杨子荣去侦察。杨子荣化装成老百姓，冒着弹雨和危险，机智地从围墙的一个豁口爬进去，抓出一个匪兵进行审问，才弄明白，是在我军攻打的头天夜里，刘昨非等一千二百多名匪军增援进去的。为此我军战斗受挫，吃了亏。

这时上级命令二团撤下来，急速东进牡丹江，于是二支队绕过小山子向一面坡挺进。二支队走后，2月中旬，哈南军分区派出几个团的兵力，攻打小山子匪军，经过六天六夜激战，终于歼灭顽匪七百余名，刘昨非、刘国良、王明德、“一枝花”等几个匪首带领残部向东南山里狼狈逃窜，以后也都被剿灭，我军胜利解放了小山子。

五

牡丹江土匪猖獗　急东进奔赴海林

自从1945年8月8日苏联政府对日本宣战后，苏联百万红军分三路挺进我国东北，向日本关东军大举进攻。其中第二路为苏联远东第一方面军中的红旗第一集团军，以东北抗日联军小分队为向导，强渡乌苏里江，从密山以南、绥芬河以北地段，突破日军防线，横扫侵华的日本关东军。至8月14日，先后解放了虎林、东宁、穆棱、密山、林口和牡丹江市。尔后沿中东铁路向西挺进，17日解放了海林地区。

当时中共中央提出“向北发展，向南防御”的战略方针，迅速从华北、华中调动一批部队和地方干部，抢先到达东北，与原抗联部队和地方党组织会合，建军建政，开辟东北根据地。牡丹江地区到1945年12月，即已建立起中共牡丹江工委和军区司令部。由李大章任地委书记兼政委，李荆璞任司令员，金光侠任地委副书记兼副政委，谭文邦任副司令员，张静之任政治部主任。当时招募和收编队伍一万七千余人。

与此同时，国民党反动派也极力“控制华北，抢占东北”，一面从海陆空往东北调运大军，一面迫不及待地搜罗日伪残余势力，与我党争夺东北。他们派遣一批接收大员和“中统”“军统”特务分子进入东北，打着国民党中央的旗号，网罗伪军、警、宪、特，恶霸、地主、地痞、流氓和惯匪等反动势力，组织起名目繁多的“地下军”“光复军”“先遣军”“挺进军”“忠义救国军”“保安队”等反动武装。一时群魔乱舞，自封的司令、军长、师长、旅长多如牛毛。他们在国民党指使下，霸占一方，配合国民党正规军抢占抗日胜利果实，建立反动政权。

1945年10月8日，“中国国民党牡丹江省党务专员办事处”和“牡丹江市国民党党部”成立。接着在宁安、林口、穆棱、海林等地也建立起县党部、县支部和区党部、区分支部，公开挂出牌子，进行反革命活动。他们一面大批收编地主土匪武装，一面以高官厚禄策动已被牡丹江军区收编的地方武装叛变投敌，与土匪武装纠合到一起，到处烧杀抢掠，攻城夺地，无恶不作，气焰十分嚣张。一时间，整个牡丹江地区除牡丹江市和宁安县城、东京城等少数城镇，没有被土匪占据外，其余县镇和广大农村都在土匪手中。

土匪对牡丹江、宁安采取四面包围之势。南部有惯匪出身、接受国民党委任的“滨绥图佳先遣军少将司令郑云峰（外号郑大头）”和伪山林警察出身的副司令兼旅长的马喜山部，共四千余人。他们盘踞在图佳铁路线上的鹿道、春阳、镜泊湖一带，截断南北交通，逼近牡丹江市。北部有“第十五集团军东北先遣军”中将副总指挥张雨新（外号张黑子）匪部四千余人，还有“东北先遣军”第十一师长姜学瑢匪部的高永安（三十八团长）、李开江（三十九团长）、张德振（四十团长）三个团二千余人；“东北挺进军第一集团军”上将总司令李华堂匪部“滨绥图佳保安第三旅”旅长李德林匪军三百余人；“东北先遣军第二纵队第二支队”司令“坐山雕”张乐山匪部数百人，不断侵犯柴河、桦林等地。

东部有日伪把头、特务出身的“东北挺进军”少将旅长王枝林（又名张兴汉）匪队及保安团吴振山、吴振海、吴振江等“吴家三虎”匪部四千余人，流窜在穆棱、绥阳、绥芬河、东宁一带，烧杀抢掠。西部有“东北挺进军第四路军保安二十七旅”少将旅长孙志尧及“东北先遣军第十一师三十二团”孙江匪队等千余人。他们窜扰在海林一带，截断哈尔滨至牡丹江的铁路交通。此外还有五花八门的土匪四十余股，总计二万多人。这些股匪疯狂叫嚣：“打进牡丹江，活捉李荆璞，迎接国军，到牡丹江过春节！”

由于土匪横行，到处烧杀抢掠，人民苦不堪言，渴望早日肃清匪患，过上安定的生活。为此，牡丹江形势十分火急，告急电报接连飞到驻宾县的中共东北局北满分局。上级决定，命令杨子荣所在的二支队火速东进，直奔牡丹江，剿灭土匪，解救危急，救民于水火。

二支队冒着大雪前进，没有火车可坐，就一直步行在崇山峻岭中。他们发扬不怕疲劳、连续作战的光荣传统，克服许多困难，经过十七个昼夜冰天雪地的急行军，途经一面坡、苇河、亚布力、横道河子，共二百多公里，于1946年2月1日夜里到达山市镇。这天正是农历年三十，部队在这里过的除夕之夜。当天夜里，营部派杨子荣等十几名同志先行进入山市镇东边的海林镇，便装侦察敌情。他们首先找穷苦人了解当地情况，向他们宣传我党的政策。他们还进入当时占据海林镇的一百多人的地主武装孙江匪队司令部，敦促其交出武器，孙江拒不投降，遂将其缴械。第二天是春节（大年初一），部队继续前进。下午开进海林镇，驱逐了国民党县党部。从此，海林镇人民获得了解放，海林镇也成为留驻此处的二团深入各地剿匪的重要后方。

牡丹江军区领导得到二支队到达海林镇的消息，高兴万分，终于盼来了上级支援的部队，同时对二支队顶风雪冒严寒、连续十七个昼夜的急行军甚为敬佩。李荆璞司令员立即带领几位同志从牡丹江市骑马赶到海林镇，亲自迎接慰问和拜年。田松支队长和李伟政委把李司令领到一个大院，召开了连以上干部会议。李司令首先向大家表示热烈欢迎，亲切地慰问和拜年，部队同志们回答以热烈的掌声。接着李司令详细介绍了牡丹江地区的敌我斗争形势，热切希望二支队发挥主力部队作用，与牡丹江军区部队紧密配合，并肩作战，尽快剿灭土匪，为保卫和建设牡丹江根据地做出贡献。

会后，李司令指示二支队在牡丹江外围布防，支队部和一团进驻宁安，二团留驻海林，立即进行剿匪准备工作。

2月5日，二支队得知马喜山匪部一个大队200余人，盘踞在海林镇西南三十多公里的新安镇，决定派一团一营前去剿灭。这是二支队来到牡丹江地区打的头一仗，团部要求一营一定要打好。一营全体指战员接受任务后，都很兴奋，个个摩拳擦掌，急忙做准备，各连的请战书、挑战书接连送到营部。2月6日晚9时，一营全体人员从海林镇出发，顶着鹅毛大雪向新安镇急进。拂晓展开攻击，很快就冲进街里，一连二排、三排消灭了匪兵住的大院和镇公所里的敌人。二连三排边打边冲锋，包围了住在镇中学里的匪大队部人员，一边进行猛烈射击，一边往院里投手榴弹，并向匪兵进行喊话："你们已经被包围了，我们是关里来的八路军，你们赶快投降！"匪军一听是八路军来了，就都交枪投降了。仅用两个小时，就消灭了这个匪大队，俘虏50余人，打死打伤土匪30余人，缴获各种枪150支，粮食200多吨，还有一些马匹和车辆。这一仗打得很漂亮，群众欢欣鼓舞，互相宣传，都知道海林来了八路军。土匪也受到很大震慑。

2月11日，二支队在海林镇举行了追悼吉北、哈南战役中牺牲的烈士和进军牡丹江南部剿匪的动员誓师大会。干部战士群情振奋，斗志昂扬，决心书、请战书雪片似的飞到各营、连部。队伍一致的口号是："打通牡图线，活捉匪首郑云峰、马喜山！"

2月14日，二支队队部和一团离开海林进驻宁安。当时在这里临时停留开展工作的中共中央政治局委员、东北局代表张闻天同志，接见了二支队的干部，称赞他们是进行了一次"小长征"，鼓励他们要发扬老八路的传统和作风，发动和依靠当地群众，勇敢战斗，彻底剿灭土匪武装，建立起巩固的根据地。

战杏树牡北歼敌　勇向前不畏艰险

二支队进驻宁安后，即开始进行牡丹江南部剿匪战斗。田松支队长亲自指挥一团全部、二团三营（欠七连）、支队警卫营及在东京城的军区四团三营，于1946年2月15日（农历正月十四日）晚，正当宁安人民忙着扎花灯、做元宵，准备过节的时候，秘密地出发了。

当时匪军郑云峰、马喜山的司令部设在鹿道，二支队首长决定采取“猛虎掏心”的战术，首先袭击鹿道，捣毁敌司令部，给匪军以沉重打击。具体作战方案是先令一小部分兵力沿铁路线南下佯攻，吸引敌人注意力，主力部队穿越深山老林，从侧面迂回前进，直插鹿道车站。

从出发地到鹿道四十余公里，中间要穿过原始森林。当时正是严寒季节，夜里零下四十多摄氏度，二支队战士冬装还没有全换上，有的还穿着夹鞋、戴着单军帽。他们艰难地行进在冰天雪地，好多战士的耳朵和手脚都冻坏了。

经过十个小时的急行军，第二天天亮到达鹿道。一团领导登上高山，俯瞰峡谷中的车站，像只大乌龟静卧在山脚下，一幢幢铁路员工的红砖瓦房宿舍升起袅袅炊烟。这时，匪首郑云峰和他的七八百名匪军，还在屋子里睡大觉，他们根本没有想到我剿匪大军会突然从天而降！

一团肖永志副团长下达进攻命令后，三营迅速占领了东山、南山阵地，阻击敌人援兵。一营主攻匪军驻地，当战士们悄悄接近匪军营房时，被一个披着大衣出来解手的匪徒发现，这家伙吓得扔掉大衣，大喊大叫："共军来了！共军来了！"战士们立即开枪将他击毙。枪声一响，匪军就乱了营，顿时枪声响成一片，喊杀声震天，我军攻进街里，展开巷战，打得敌人四处乱窜。我军继续向纵深发展时，受到匪司令部凶猛火力的阻击。

指挥部命令一营二连集中火力射击掩护，一连副连长周天林抱着炸药包从侧面冲上去，炸毁了匪军司令部的房子。战士们冒着滚滚烟火冲了上去，只见匪徒们有的压在碎砖乱瓦下面，有的遍身血污倒在地上，还有的哆哆嗦嗦举着双手投降。这时一个身穿藏青棉袍、头戴狐狸皮帽、满脸灰尘的六十多岁的老匪，佝偻着腰，耷拉着脑袋，举着双手，跟着一串土匪从炸塌的红房子里走出来，此人就是大匪首郑云峰。肖副团长用驳壳枪狠点了一下郑云峰的脑门说：

"你这个罪大恶极的坏家伙末日到了！"

郑云峰苦心经营半年多的匪军鹿道大本营被我军摧毁后，匪副司令马喜山指挥匪兵五百余人，于2月17日上午向鹿道反扑，被我军击溃。我军乘胜前进，向马喜山的老巢——春阳镇发起攻击。匪军抵挡不住，我军攻占了春阳，马喜山带领全家人和几十个亲信逃进了深山老林。我团部在马匪家里住了一夜，第二天又挥师西进，攻占了匪军最后据点五凤楼、镜泊湖南湖头等地。

我军从2月15日开始剿匪到3月14日告一段落，共历时二十八天，进行大小战斗二十一次，消灭了郑、马匪部二千余人，取得了牡丹江南部剿匪的重大胜利，打通了牡图铁路交通线。

在二支队主力挺进牡丹江南部剿匪后，留守在海林镇的二团队伍，经杨子荣侦察得知，已被我收编的原地主武装“国民军海林独立营”孙江部又暗中叛变，成为“东北先遣军第十一师三十二团”。于是二团在2月15日趁该营集合看秧歌之机，将其包围缴械，消除了牡丹江西部海林地区的一个隐患。

在牡南剿匪胜利的同时，牡北剿匪也相继展开，军区李荆璞司令员亲自指挥二支队二团一营（欠一连）、三营七连、团机炮连一部和军区十四团三营，进剿北部高永安、李开江、张德振等匪部。杨子荣参加了北路剿匪战斗。

2月20日，二团政治处主任王日轩和一营营长王孝忠、教导员朱绪庆，带领队伍进驻牡丹江北面的桦林镇，从敌人电话中听到，柴河的丁德山匪部与北甸子土匪商定第二天清晨联合攻打桦林。我军当即做好战斗准备。第二天拂晓，战斗打响，匪军用凶猛的炮火攻打我军占据的北山和东山阵地，我军进行英勇反击。激战一天，黄昏时，匪军死伤大半，向柴河五河林方向逃去。

3月上旬，我军解放了牡北重镇柴河。3月16日，我剿匪大军向盘踞在五河林、仙洞等地的匪军发动连续进攻，战线长达数十里。3月17日攻下四道岗、仙洞、北甸子等六个土匪据点，并乘胜直追，续克重要匪巢五河林及马桥河。余匪集结于板院、杏树底、柞木台子、双河屯等据点，继续修筑工事，企图顽抗。同时派人向大匪首、国民党委任的第十五集团军上将总司令谢文东求援，并强迫五河林、仙洞以东、以南各村屯老百姓，准备“万人大军”吃三天的粮食，还散布“中央军与美国大军3月25日即可到牡丹江”“中央军派来了猩猩队”“哈尔滨来了三百特务”等谣言，为匪徒们打气壮胆，扰乱民心。

我军了解到敌人的动向，决定不给匪军喘息之机，从3月21日起，我合江军区部队自东向西，牡丹江部队自西向东，对顽匪进行夹击聚歼。牡丹江军区副司令员刘贤权命令二团政治处主任王日轩率队，于3月25日凌晨将盘踞在板院的匪军包围，展开猛烈进攻。匪军凭借坚固的围墙和充足的武器弹药进行顽抗，我军几次冲击都被敌人凶猛的火力阻住，不能前进，伤亡很大。为了尽快消灭敌人，指挥部只得命令机炮连用迫击炮轰击匪军，板院屯顿时腾起浓烟烈火，匪军的工事、碉堡被炸毁了，敌人乱成一团，失去抵抗能力，我军乘势猛打猛冲，攻进屯子，歼灭了大部匪军，余匪逃往杏树底、柞木台子等据点。

我军进入板院屯，看见一片惨痛景象。有些老百姓被匪徒们杀害，有些民房被炮弹炸毁，老人和妇女倒在血泊里，这都是土匪造下的罪孽。杨子荣目睹这些情景，心里很难过，对土匪更加仇恨。

板院战斗后，刘副司令员命令部队连夜出发，尽快攻下板院以东三十余里、通往柞木台子的必经之地——杏树村。这里是匪军的一个大据点，盘踞着高永安、李开江匪部的两个连，四百余人。匪连长许大虎、连副王洪滨家住青北寨、北甸子，另两个连长郭富春和连副康祥斌，家住杏树本村。这伙匪徒武器精良，弹药充足，李开江命令他们要死守到底，与杏树村共存亡。由于是两股合在一起，没有统一指挥。

二团队伍经过稍事休整动员，于当夜9点多钟，在王日轩主任和朱绪庆教导员率领下，避开通往杏树的大路，沿着板院河以北的山地，踏着背阴坡的积雪，隐蔽肃静地向杏树村进发。经过六个小时的急行军，插到杏树村北山。在连接的几个山头上，敌人燃着多处明亮的火堆，这是土匪怕我军偷袭而设的警戒分队。我军发现敌人已有准备，便当机立断，按预定的“偷袭不成便转为强攻”的战斗方案行动，经过短时间战斗，消灭了敌人的警戒哨，有两个匪哨兵逃回村里向匪首报信，匪连长许大虎、郭富春等立即布置匪兵进炮台、上围墙，准备抵抗。

我军翻过山梁，决定从北面进攻，二连占领北山后，即向村北运动，七连迂回到了村西，三连直插村东占领阵地，断敌退路，并阻击双河屯增援之敌。十四团一个连运动到村南山，实施佯攻，营指挥所设在村西北的一个山坡上，机炮连阵地在北山一个凹部。当各连进入战位后，天已破晓。此时已是3月26日早晨。

杏树村，也叫杏树底（今林口县南部五星乡），它坐落在一条东西走向的大沟里，有一百多户人家，房屋都建在板院河南岸地势较平坦的南山坡上，村子东、西、北三面都是开阔的稻田地，围着村子一圈是两米多高的土墙，墙里面用碗口粗细的柞木夹了木障，围墙四角耸立着日伪搞“集团部落”时修的大炮台。围墙东西各有一个大门，围墙外面挖有三四米宽的壕沟，壕沟外面的要道设有桦木鹿砦和柞木杖子等障碍物。

进攻开始后，枪声响得很激烈，匪军凭借围墙，进行顽抗。营指挥所组织的几次爆破鹿砦未能成功，敌我双方处于对射的僵持状态。

杨子荣带领的一班是七连的突击班，他们在晨雾中冒着敌人密集的弹雨，冲到队伍的最前面，被匪军火力压在离围子西门一百多米的一条小沟里。

这时，营指挥所命令炮兵以火力支援，山炮、迫击炮开始试射，炮弹呼啸着飞向村子，村子里蹿起浓烟烈火，敌人的炮台和有的民房被打着了。在枪炮声的间隙里，隐约传来土匪的叫骂和妇女、小孩的哭喊声，杨子荣听了心里揪揪着。他一边组织射击一边想，这样强攻部队的伤亡和群众的损失都会很大，前几天打马桥河和昨天强攻板院匪军据点的惨景又出现在他的眼前。敌人虽然被消灭了，群众也受到很大损害。他脑子里不住地琢磨，除了强攻，还有没有别的办法，既能消灭敌人，又不让老百姓夹在里面受苦?

昨天，他曾问过板院的老百姓，他们都恨土匪，更怕在本村打仗，都盼望能早日赶走土匪，得到解放。许多匪兵也都是这一带的老百姓，有些是被匪首逼迫裹挟进去的，他们也不愿干了。这些土匪各股之间都有矛盾，最近几次战斗逃亡的匪兵和放回的俘虏在土匪中都会起宣传动摇作用。他反复考虑后，想出一个大胆而又极其危险的方案，他决定趁敌人与群众处在惊恐、混乱的状态中，一个人闯进村子，利用我军强大的声威、群众的压力和各股土匪间的矛盾，宣传我党我军政策，迫使敌人投降。这一行动危险是很大的，但为了减少部队伤亡和群众的损失，强烈的革命责任感促使他产生无限的勇气。他想即使达不到说降的目的，对敌人也是个很大的震慑，自己牺牲了也值得。

杨子荣回头看看，地形不利，敌人的火力封锁很严密，向连部报告又要拖长时间。他深知全连干部战士对他是了解的，对他的行动不会发生误会。于是他果断地把步枪交给身边的两个战士说："你们别动，我进村子去劝土匪投降！"

两个战士吃惊地说："不行，班长，那太危险了！"

杨子荣坚决地回答："为了消灭敌人，保护群众，我什么也不怕！时间来不及了，你们赶快去一个人向连部报告！"

说罢，杨子荣猛地从沟里站起来，趁敌人射击的间隙，纵身冲了出去。他挺着高大的身躯，右手挥动着一条白毛巾，一边朝村子西门跑去，一边高喊："喂！伪军弟兄们，不要开枪，我要找你们当官的讲话！"

这突如其来的情况，惊动了敌我双方，枪声骤然停止，战场上出现了瞬间的寂静。围子里的土匪被杨子荣的这一行动吓得不知所措。

杨子荣班里的一个战士爬起来，飞快地朝连部所在阵地跑去。七连连长立即派通信员把杨子荣进围子劝降土匪的事向一营朱教导员做了报告。一营的干部战士对杨子荣不熟悉，对他的这一行动也有怀疑，怕是昨天打板院刚补进的俘虏逃进围子报信，如果敌人知道我们只有三个连的兵力，只有两门山炮和两门迫击炮，会不会顽抗到底呢？朱教导员听了七连通信员的报告，仍有些疑虑，担心杨子荣的行动能否成功。为了杨子荣的安全，他命令营部干事姜国政：“快给炮兵阵地打电话，让他们停止往围子里打炮！”

杨子荣跑到西门外，一个土匪小头目看见他赤手空拳，手里举着白毛巾，突然明白过来，转惊为喜，以为杨子荣是来投降的，急忙向匪兵大喊：“不要开枪，他是来投降的，快开门，放他进来！”接着，围子的大门“嘎吱”一声开了一道缝，杨子荣敏捷地闪身跨了进去。

踏匪穴只身虎胆　俘众敌荣立特功

杨子荣刚跨进围子大门，“哐”的一声门又关上了，两支黑洞洞的枪口立即顶住了他的胸膛。

“你进来干什么？”土匪小头目凶恶地问。

杨子荣坦然自若地回答：“我是八路军的代表，你们被包围了，我来劝你们投降！”

匪头目冷冷一笑，恶狠狠地说：“我看你是来送死的！”

杨子荣凛然微笑说：“要怕死，我就不来了，既然进来了，我就没把死活当回事！你们也不想想，就凭你们这点人，这么几支枪，就想挡住我们的进攻？说真的，我倒是为了你们不死才进来的！”他说着向周围扫了一眼，见匪兵们惊恐地看着他，就用胸膛顶开了敌人的枪口，向前走了几步，对匪兵们说：“弟兄们，再打下去对你们没好处，我军的政策你们应该知道吧？只要你们放下武器，就保证你们生命安全！……”

匪头目听了杨子荣的话，吓得叫喊起来：“不准你宣传，跟我到连部去！”

杨子荣知道土匪头子多是惯匪，光给他们讲不行，匪兵们大都是受骗和被迫参加的穷人，容易接受我军的政策，瓦解了匪兵，匪首也就孤立了。于是他不管匪头目的阻拦，向匪兵们大声喊道："弟兄们，你们看看村子四面，都被我们包围得严严实实，你们不投降，我们的十几门大炮就要把围子轰平了，想活命的跟我走，到连部找你们的连长去！"

匪头目领着杨子荣往村子里走，后边跟着不少匪兵，他们小声地议论着："八路军的胆子可真大，一个人就敢进来，咱们谁也比不上……"

村子里的老百姓听说一个老八路进了围子，都惊奇地从自家的院门探出头来，看看这个八路是个什么样，是吃了熊心豹子胆，还是长了三头六臂？怎么一个人就敢闯进这"虎穴"里来？杨子荣看见群众感到很亲切，他一边走一边向大家打招呼："老乡们，你们受惊了，不要害怕，我是八路军的代表，是来劝他们投降的！要是再打下去，你们的村子就要遭殃了！"

群众对这位老八路都很敬畏，一看他挺和气，就都走出院门，三三两两地跟着杨子荣往前走，一边小声地议论着，有的说："人家八路军真是好人，怕咱们老百姓受害，不顾死活闯进来劝他们投降！"有的说："快叫他们交枪吧，再打咱们也得和马桥河、板院一样，倒大霉！"还有的说："咱村的郭连长、康连长好说，他们家也有老有小，都住在这，就怕青北的许大虎、北甸子的王洪滨不干……"

杨子荣听着群众这些议论，心里更有数了，群众痛恨土匪，土匪之间确实有矛盾，他决定利用群众的压力和土匪间的矛盾，先制住许大虎和王洪滨。

匪头目把杨子荣领进一个大院，他进屋去找几个连长，连长们不在，他出来对几个匪兵说："你们好好看着他，我找连长去，别让他胡说八道！"

匪头目走后，匪兵和群众越聚越多，满院子都是人，杨子荣抓住这个有利时机，站到一个石磙子上，大声讲起来："乡亲们，我们是共产党、毛主席领导的队伍，是为穷苦老百姓打天下的，我们把日本鬼子打败了，现在又来打土匪。我们的大部队已经把村子全包围了，再打下去，不仅他们全完蛋，你们村的老百姓也要遭害。我已经向他们说明白了，只要他们投降，不仅保证他们活命，全村的乡亲们也可平安无事。"

群众听了都觉得很对，纷纷议论："让他们快交枪吧！"

杨子荣喘口气后，又对匪兵们说："弟兄们，你们都是有家有业，有老有小的，你们为什么打仗，为谁卖命？你们帮那些大地主、伪警察、特务打仗值得吗？他们过去专门欺压老百姓，你们还甘愿为他们去挨枪子？你们有的家在本村，打下去会怎么样？愿意看着你们的爹妈老婆孩子见阎王？你们有的家在青北寨、北甸子和板院，那里都被我们解放了，你们家里的人都盼着你们回家团圆呢，可你们还在这里犯罪，你们对得起自己的父母兄弟吗？"

杨子荣的话激起了匪兵和群众的强烈反响，有的匪兵嘟囔着说："咱们都被包围了，还打个啥劲，人家八路有大炮，轰咱们几炮就全完蛋……"

群众见有八路军在场，也大着胆子对匪兵们说："你们还打个啥？等着爹妈来收尸啊！……"

"你们快把枪交了吧，可不能再打了！……"

有的气愤地说："谁要打，就出去打，别临死还抓咱们老百姓垫背！……"

这时忽然有人说："哎，邱会长，这个重要节骨眼上你倒是出个头啊！"

杨子荣一听便赶忙问："谁是邱会长？"

"他，他就是！"有人把邱会长推到杨子荣跟前说："他是俺村的维持会长，名叫邱振伦，我们都叫他邱老六，村里大事小情都是他伸头！"

"是！是！"邱会长不住地向杨子荣点头哈腰。

杨子荣对这个五十来岁、油滑世故的男人打量了一阵，讽刺地说："你就是邱会长？久闻大名啦！"

"不敢当，不敢当！八路军抗日除暴，秋毫无犯，名扬四海，威震天下，鄙人佩服，长官有什么吩咐，在下一定效劳！"邱老六油嘴滑舌地说。

杨子荣听了皱皱眉，严肃地说："那好，我个人不需要你效什么劳，但我要提醒你，你既是本村的维持会长，就应该为全村的乡亲们负责、效力，当然也要为你自己考虑。郭连长和许多弟兄都是你们村的人，你要劝他们放下武器，不然，等我们部队打进来，你也别想活命！"

"我明白，明白，眼下的局面鄙人看得清楚，长官有事尽管吩咐，在下一定照办，一定！"邱老六头上直冒汗珠，小鸡啄米似地点着头。

"好吧，你马上去准备几面白旗，一会插到围墙上去！"杨子荣给他下了命令。

"是！是！"邱老六擦着汗走了。

这时四个土匪头子提着手枪奔了过来，为首的一个膀大腰圆，满脸横肉，气势汹汹地用枪顶住杨子荣的胸口，吼叫道："住嘴，不许你在这里宣传，不许你扰乱军心，煽动百姓！"

杨子荣见来的四个匪首，头一个杀气腾腾，第二个皱着眉头，后面两个有些神色慌张。他断定头一个就是许大虎，决定先打掉他的凶气。于是把腰一叉，对这家伙上下打量了几眼，猛地大喝一声："你们谁是许大虎？"

许大虎一愣，握枪的手哆嗦了一下。

"噢，你就是！"杨子荣轻蔑地说。

许大虎不自觉地后退了一步，说："我就是，怎么样？"

杨子荣没理他，换了口气说："请问哪位是本村的郭连长？"郭富春也是一愣，赶紧点了点头。

"那么剩下的两位就是王洪滨和康祥斌啦。"杨子荣平静地说。

四个匪首互相瞅了瞅，谁也没吱声。杨子荣对四个匪首有区别地点名，很有作用，说明他们的情况我军掌握得很清楚。没等他们回答，杨子荣就威严地指着被我军炮弹击中的围墙一角上的炮台，厉声说："你们听着，杏树村已被我军团团包围，为了保护村里的乡亲们，也是给你们一条出路，我们的十几门大炮才停止了射击。只要你们主动放下武器，老老实实地投降，我们可以从宽发落，保证你们活命，愿走哪条路你们自己选择！"

许大虎听了恶性大发，挥着手枪叫喊："你别吓唬人，叫老子投降没门！我看还是你快投降吧，别找死！”

“哈哈哈……”杨子荣仰起头一阵大笑：“姓许的，你真是不见棺材不掉泪，死到临头啦还充硬汉，大匪首郑云峰、马喜山怎么样，比你名头大吧，不是照样被我们打得稀里哗啦，抓的抓，逃的逃，就你们几个，哼哼!”

杨子荣转脸对村民们说：“乡亲们，青北寨的许大虎不同意交枪，要在你们村打到底，你们答应不答应？”

“我们不答应，他要打，就叫他回自己村里去打吧！”群众乱哄哄地嚷起来。

杨子荣又用手指着那些匪兵说：“许大虎，你再问问他们，有几个愿意跟着你们去送死？”

许大虎看到匪兵们都用责备的眼光看着他，心里一阵恐慌，脑门上冒出了汗珠。他瞪了一眼王洪滨，王洪滨硬着头皮装腔作势地吼叫道：“他们都是我们的弟兄，都听我们指挥！你能怎么样？”

杨子荣进一步利用匪首之间的矛盾，争取郭富春，孤立许大虎和王洪滨，他冷笑着说：“你们的人？你们拿他们的生命当儿戏，拿鸡蛋往石头上碰，他们能甘心听你们的摆布？就说郭连长和康连副吧，他们愿意把自己的村子打个稀巴烂，落个千古骂名吗？”

郭、康两个匪首没有吱声，默认了。

许大虎还在挣扎，色厉内茌地吼叫着：“有高团长、李团长的命令，谁敢不听指挥？”

杨子荣怕郭连长被许大虎镇住，就大声斥责他：“许大虎，你别做梦了，别说高永安、李开江这两个小‘团长’，就是谢文东、李华堂这些什么上将、司令，也不过是菜板上的一块肉，我们很快就会吃掉它。我警告你，别不识抬举！”

“对，对，许连长，识时务者为俊杰呀！”这时邱老六抱着几杆白旗回来，讨好地放到杨子荣面前。又壮着胆子哀求许大虎说：“许连长，看在我们杏树村六百多条人命的份上，你们……你们就放下枪，‘和解’了吧！”

“我……枪毙了你！”许大虎一见邱老六拿来白旗，更加火冒三丈，气急败坏地用枪顶住邱老六的脑门，吓得他筛糠似的跪在地上，哆哆嗦嗦地发着哭声说：“许连长，我可是好意啊，是为了全村的老百姓，也是为了你青北寨的弟兄啊！”

杨子荣见状大喝一声：“许大虎，你少要威风，有本村的郭连长在这，你逞什么能？”

郭富春正在考虑不投降没有好下场，见许大虎在自己的地面上耀武扬威，欺辱本村的维持会长，太有伤他的脸面，又见有八路军撑腰，就拦住许大虎说：“姓许的，打狗还看主人呢，你还是见好就收吧！”

“你想咋地？”许大虎瞪着眼睛。

“你敢咋地？”郭富春也不示弱。

两个匪首都端着手枪，怒目相对，王洪滨和康祥斌也端着枪各站一边，虎视眈眈，剑拔弩张，眼看就要火并起来，匪兵和群众一阵骚动。

如果两伙匪徒真的火并，必然两败俱伤，不仅使劝降计划落空，还会造成群众的大量伤亡。杨子荣灵机一动，大声说：

“弟兄们，大家都不要动肝火，这样吧，愿意打下去的就跟许大虎他们去打，不愿去白送命的，就把枪放在这。愿意参加八路的我们欢迎，不愿意的可以回家，我们发给路费，大家自己决定吧！”

“好哇！我不愿意打了，我交枪！”一个中年匪兵走过来，把枪放到杨子荣面前的空地上。

邱老六这时也壮了胆，从地上爬起来，向匪兵们作揖说：“弟兄们，为了自己的脑袋，为了杏树村的三老四少，欢迎弟兄们交枪！”群众看他出面说话，也异口同声地喊着：“欢迎弟兄们交枪！”

一些老人、妇女们涌过来，拉着劝着匪兵们往地上扔枪，匪兵们正盼着这一招，纷纷挤过来交枪，一边叨咕着：“好处得不着，只去送死的角，早他妈不想干这买卖啦，我们都交！”一时噼里啪啦，枪扔了一地。郭富春和康祥斌也交了枪。

许大虎惊得呆若木鸡，愣在那里不知所措。杨子荣大喝一声：“许大虎，你还不见好就收！”许大虎见大势已去，跺了一下脚，“哎”的叹了一口气，无可奈何地把匣枪扔到杨子荣面前，两手抱着脑袋蹲到地上。杨子荣又瞪了一眼王洪滨，王洪滨吓得脸色煞白，连声说：“投降！投降！”把枪也扔到地上。

杨子荣见劝降大事已成，立刻对郭富春、康祥斌说：“郭连长、康连副，你们赶快把白旗插到围子上去，再把枪收拾起来架到街上，快快集合弟兄们整队，打开东西大门，迎接我们的大部队进村。谁要捣乱，绝没有好果子吃！”

“是！是！”匪首们按照杨子荣的命令执行去了。

从上午8时多杨子荣进村，一直到中午，过了两个多小时，营指挥所的领导都很焦急，更为杨子荣的安全担心。在杨子荣进村后，我军三个连向前运动到围子附近。这时见围子上突然插起白旗，知道杨子荣说降成功，朱教导员惊喜万分，立即命令号兵吹起进军号，部队从东西两个大门浩浩荡荡地开进村去。只见郭富春、许大虎等匪首带着四百多名匪兵，列队站在街上，四挺重机枪、六挺轻机枪、二门平射炮、四门迫击炮、八个掷弹筒、三百多支长短枪和大批弹药，整整齐齐地架在空场上。

杏树村解放了，一片喜气洋洋，村民们忙着为部队倒房子，烧水做饭，战士们也忙起来，有的管理俘虏，有的清点战利品。

王日轩主任和朱教导员等领导进了村子，七连长和指导员高兴地向他们介绍杨子荣，他们紧紧握住杨子荣的手说：“杨子荣同志，你可为人民立了大功，我们代表营党委对你的突出贡献表示祝贺和感谢，我们一定向团党委给你请功！”

杨子荣受到首长的热情赞扬，激动得眼里闪着泪花，腼腆地说：“请什么功啊，首长，我这次行动没来得及事先向首长请示报告，就……”朱教导员赶忙说：“杨子荣同志，你没有错，事实证明你做对了，一定给你请功！”

“首长，我做的还差得远呢，等以后打了好仗再说吧。”

“杨子荣同志，向你学习！”战友们围过来，纷纷和杨子荣握手。

杏树村战斗的胜利，给敌人以极大震慑，成为北路剿匪的转折点。第二天，我军乘胜向柞木台子、双合屯（即柞木南沟）发起猛攻，残匪闻风丧胆，不敢抵抗。我军派警卫排长赵轩带两名战士进村送劝降信，迫使敌人投降。除匪首高永安逃窜外（后亦被捕处决），匪团长李开江、张德振以下四百余人全部缴械投降。3月28日，牡丹江剿匪部队与合江部队在柳树河子胜利会师，打通了海林以北牡佳铁路交通线。

杏树村一战，杨子荣立了特等功，被评为战斗英雄。

此后二支队番号撤销，并入牡丹江军区，二团也改编为牡丹江军区二团，但有时仍习惯称二支队。

杨子荣读过的毛泽东著作

好班长带兵有方　远奔袭活捉“四恶”

牡丹江北部地区剿匪战斗获得胜利后，二团又回到海林镇休整，杨子荣的一班住到群众家里。这时二团接收一部分由伪军中起义过来的士兵，分配三营七连二十名。为了对他们加强教育，集中一段时间学习训练，单独编成一个班，连部特选派一排一班班长、战斗英雄杨子荣代理该班班长。这些起义士兵，曾跟苏联红军一起活动过，苏军撤走时交给了牡丹江军区。他们虽然受过一些革命影响，但思想仍然很混乱，都不愿意当兵，想早日回家。杨子荣了解到这些情况后，以自己的模范行动和吃苦耐劳、团结友爱、遵守政策纪律的革命精神，给这些新战士以良好的教育，为大家树立了榜样。

杨子荣一到班里，就亲自挑着水桶给新战士们打来饭菜，操着一口山东腔喊：“开饭喽，同志们坐好吃饭！”这些新战士刚来，都很拘束，不好意思端碗伸筷，杨子荣就一边给每个人盛饭，往碗里夹菜，一边笑着说：“咱们民主联军打仗是猛打猛冲，吃饭也得猛打猛冲啊！你们吃好喝好身体好，打起仗来才能有劲！”

新战士们看见杨子荣态度亲切，都不拘束了，把他当作大哥似的亲近。他们和原来在伪军中的生活比较，真是天地相差。当伪军时吃饭是一大关，谁撒了饭菜或打了碗，就要挨军官的打骂或罚站，不让吃饭。而在人民的队伍里，官兵平等如兄弟，使他们从内心深处爱上了人民军队。

杨子荣还教育新战士们，要全心全意为人民服务，他不时地对大家说："咱们民主联军是人民的队伍，是人民的儿子，要处处热爱人民。"每天午饭后他都找来一些扫帚、铁锹分给大家，带领战士们为房东大娘打扫院子，劈木柈子和挑水。他一边干活一边对大家说："我们的队伍，不管平时和打仗，都要遵守群众纪律，爱护老百姓，帮助老百姓，老百姓就欢迎和拥护我们。"每次干完活，房东大娘都觉得过意不去，连连表示感谢，这给新战士们上了生动的"军民友爱课"，使这些从伪军中过来的战士深深感到对待人民群众的态度如何，是区别两种军队性质的重要标志，从而更加热爱人民群众。

杨子荣也很注意战士们的情绪，积极开展文艺活动。他除了讲故事说笑话外，还操着胶东口音对大家说："同志们，我教你们唱支'锅儿'（歌）好不好？"战士们都高兴起来，齐声说："好！"于是他领头唱起来：

拿起巨大的斧头，
砍断敌人锁链，
我们要建设新中国，
哪怕千难万险，
毛主席是舵手，
我们要跟着走，

嗨！嗨！……

大家合唱后，他又教大家轮唱，互相“拉”歌，使全班非常活跃，有些战士后来还成了连队的文艺骨干。

他还对有些想家的战士进行教育，采取分别谈话的方式，解决战士们的思想问题。他和战士们说：“咱们都有家，我的家乡在山东，家里有老娘和媳妇，为什么抛家舍业走了几千里到东北来呢？就是为了人民解放，为了中国独立富强，为了全国穷人都能过上好日子，如果我们都想家，谁还来革命呢？只有消灭了土匪和国民党反动派，才能和亲人团聚。在这方面应多向老同志们学习。”

战士们听了觉得在理，很受感动，都愿意和他在一起。

他处处关心战士，严格要求自己。他让战士们住在热炕上，自己睡地铺。由于他的模范行动，战士们都和他很亲近，因此这个班经过半个多月的学习训练，准备补充到各班时，大家都要求跟杨子荣到一班去。杨子荣对大家讲道理做说服，大家才都愉快地服从分配到各班。

杨子荣出色地完成教育训练新战士的任务后，又回到了一班。但没过几天，4月末，二团成立侦察排，他就被新上任的王敬之团长和曲波副政委看中，直接调到团部，升任相当于连一级的团部直属侦察排排长。此后，他不断发挥卓越的侦察才能和特有的机智勇敢精神，胜利地完成了一个又一个艰险的侦察战斗任务。

侦察排成立后，从各营、连陆续挑选一些精明强悍的东北籍战士到侦察排当侦察员。像孙大德、魏成友等都是这时挑选上来的，一共两个班，十八个人。侦察排一直住在海林镇边上共和村民兵孙玉琢家里，他们相处得非常好，像一家人似的。杨子荣对孙玉琢帮助很大，经常对他进行政治思想教育，使孙玉琢成为一名共产党员和民兵模范。

侦察排成立后，杨子荣和大家在一起抓紧练习侦察本领，练习打匣子枪、手枪、扔手榴弹，练习化装成农民和小商贩等当地人，学习军事常识和侦察特技。杨子荣对侦察员们热情关怀，严格要求，耐心教育帮助，不断提高大家的政治思想觉悟和侦察本领。

孙大德是吉林蛟河人，伪满时被抓到汪清县当劳工，日本投降后他到海林农村干活，后参加了二团，不久被挑选到侦察排。他刚到排里报到，还没等向排长举手敬礼，杨子荣就一把紧握住他的手说："欢迎，欢迎，你是当地人，路熟人熟，我们正需要像你这样的侦察员！"说完，就从自己的背包里拿出一双新布鞋、一条新毛巾交给孙大德："这是牡丹江人民的慰劳品，拿着用吧！"接着他们又唠起家常。孙大德知道杨子荣也是苦出身时，表示很同情。杨子荣却笑着说："不谈这些了，老孙，咱们穷人，为了自己的解放，为了人民打天下，什么个人啊，家庭啊，困难啊，都是小事情。不值得一提。"接着又说："现在剿灭土匪，是我军最紧迫的任务，我们侦察员是部队的耳目，对付凶恶狡猾的土匪，我们侦察员的任务很重大。"

孙大德听了心慌地说："我没当过兵，更没有当过侦察员，能行吗？”

“不要紧，学着干，我们都是从实战中转转出来的。只要认真，就能干好。”杨子荣拍拍他的肩膀鼓励说。

一次，杨子荣自己出去侦察，走了一天，晚上回来，他一个人左手拿着手榴弹，右手提着快慢机二十响“大肚”匣子枪，押回来绑着的十八个土匪。他把土匪的十几支步枪的枪栓都卸下来，放在一个屯子的可靠群众家里，让土匪自己背着空枪和子弹，乖乖地跟着他走回部队来。杨子荣叫孙大德连夜去那个屯子把枪栓拿回来，孙大德一个人翻山越岭，走了七八十里，第二天天亮前完成任务回来。杨子荣表扬了他，称赞他是“孙长腿”，是个好侦察员。以后有任务，杨子荣就叫上他：“走，孙长腿，跟我出发！”

一天，杨子荣又派孙大德一个人去海林镇南边执行侦察土匪任务。老孙化装成打柴的农民，到了山坡下的偏脸子村，肚子饿了，就到一个熟悉的老大娘家里要点饭吃。饭菜刚端上桌，门口进来一个年轻女人，圆圆的黄脸，头上包一块旧花布巾，身穿蓝布衣服，一屁股坐在老孙对面，冲着老大娘说：“我饿啦，给我点饭吃吧！”说着就拿起碗盛饭吃起来，好像在自己家里一样随便。

孙大德有些疑惑，他知道这家老大娘只有一个人，这个女人是谁？于是他问：“你是这家的吗？我怎么没见过你？”

“我是东村的，这是我舅妈家。”那个女人一边吃一边回头看老大娘，又转脸问老孙：“我也不认识你呀！”

“前几年我在这屯帮工，常在这里搭伙。”孙大德编了几句嗑应付她。

这时老大娘给孙大德使眼神说："老孙，到院里帮我抬点东西。"孙大德放下没吃完的饭碗，跟大娘走出屋，老太太紧张地抓住孙大德的胳膊，嘴对着他的耳朵小声说："她是胡子头，快抓住她！"

孙大德一听立即从腰里抽出匣子枪，一个箭步冲进屋里，但那个女人已推开后窗跑了。孙大德也跳出窗户，爬上山坡，穿过树林子，可连个人影也没看见。一个女土匪头子，竟从我军侦察员的眼皮子底下跑了，孙大德感到很内疚。

回到侦察排，他向杨子荣做了汇报。杨子荣叼着小旱烟袋，静静地听他讲完了，没有声色俱厉地批评，而是心平气和地教导说："老孙，敌人同你一个桌子吃饭，还让她跑了，这确实是个错误，应该吸取教训。当然你这是第一次独个儿出去侦察，还可原谅，下次可不能再麻痹了。"

"没想到，这土匪娘们胆子还真不小呢！"孙大德知道错了，想找点理由下台阶。

杨子荣继续帮助他分析情况，提高认识："敌人终究是敌人，不仅胆子像狼，而且狡猾也似狐狸。应该好好总结一下这次的教训，以后就少出娄子了。第一，你出去侦察土匪情况，能抓着一个'活口'回来，那才是个活情况，才是圆满地完成任务。这个思想不明确，就是碰到了敌人也抓不着。第二，见到一个生人，脑子里首先就要分析一下，这个人是干啥的？不管是老的少的，男的女的，先看看他的行动、举止、讲话、习惯，是敌人？是自己人？还是一般的老百姓？看不出来，你就先说一句我军的常语，或说一句土匪的黑话，套一套他（她）们，就可看出对方是什么人了。第三，老大娘在你正吃着饭时，叫你出去抬东西，你也不看看老大娘的语气和行动是否正常，为什么不能吃完饭再抬呢？只要稍微动一下脑子，就能领会到，这个女人可能有问题。第四，你出屋跟老大娘说话的工夫，也不过半分钟吧，女土匪能跑得那么快吗？你这个长腿撵上去，连影子也没见着，那就是说，她出了窗口不是直向山坡爬的，而是从左或右跑的，也许是躲藏在什么地方了。你应该一跳出窗口，先朝山坡看一看，看不着就不用追上去了，因为在山坡下朝上看不着，爬上去也不会找到她，而是应该在老大娘家的左右周围搜索。"

杨子荣分析得非常具体清楚，有条有理，使孙大德受到了很大的启发和教育。最后他又诚恳地说："老孙，我们当侦察员的，眼睛和脑袋可不能有半点麻痹呀！不要太死心眼，多多动动脑子才能圆满完成任务呀！"

这年4月间，二团的另一部分队伍奉命由海林西移，进入珠河（今尚志市）、苇河、一面坡等地，进行牡丹江西部剿匪。5月上旬，二团一营进驻苇河。根据群众反映，在亚布力山里有一股土匪祸害百姓，团部派杨子荣带人去侦察。杨子荣和孙大德化装成农民进入亚布力后堵，很快就侦察清楚，这股土匪共有三百余人，匪首是许福、许禄、许祯、许祥四兄弟，号称"许家四虎"，原在海林地区作乱，后被我军击溃逃到这里，继续烧杀抢掠。曲副政委听了杨子荣的报告后，决定采取远距离奔袭战术，派一营迅速开进亚布力后堵，剿灭这股匪军。为了防备敌情有变化，杨子荣再次化装进入匪军盘踞的村子侦察，发现敌人又增加了兵力。根据新的情况，我军立刻改变计划，重新进行战斗部署，将匪军包围，以猛烈炮火轰击。匪徒抵挡不了，纷纷夺路逃命，最后被我军大部消灭，活捉匪首许福（营长）、许禄（连长）、许祯（连长）、许祥（营部文书）等所谓“许家四虎”，同时还抓到国民党将领杜聿明亲自派到牡丹江任武装总指挥的周专员。经审讯，供认了各地股匪有关组织机构和作战计划等重要情报，为剿匪提供了有利条件。根据群众的要求，在苇河召开了公审大会，将罪大恶极的许福、许禄就地处决。

部队在一个道岔子的山洞里发现一个火车头，并从当地找到火车司机，经检查火车头完好可用，他们又找到几节车厢，可以凑成一列小火车。但因苏联红军把铁轨给改成了宽轨，开不了车，部队领导就向工人们宣传，又把从日本仓库得到的粮食分给大家。工人们很高兴，就热火朝天地干起来，很快就把宽轨改成了窄轨，与去牡丹江的铁路接通了。火车开动了，载着木梓、山货驰向牡丹江，又换回米面、布匹和生活用品。整个山村复活了，群众拍手称快，欢庆我军剿匪胜利，给山区人民带来了好日子。

王敬之——原牡丹江军区二团团长

曲波——原牡丹江军区二团副政委

二团侦察排在海林镇驻地

海林镇群众欢送二团剿匪

九

恶土匪绥宁暴乱　牡二团东进剿敌

1945年8月日寇投降后，牡丹江东部地区的东宁县老黑山南村日本关东军仓库的大把头王枝林，网罗了一批伪军、警察、宪兵、特务和土匪，并诱骗威逼一批光复后未能返籍的被日寇抓来的劳工，组成了一支土匪队伍，共聚集起三千多人。王枝林被国民党委任为东北挺进军第十六支队第三旅少将旅长，旅下设三个团和一个独立营，盘踞在东宁、绥阳、绥芬河、马桥河一带，烧杀抢掠，无恶不作。他们多次与暗藏在我内部的变节分子相勾结，于1946年5月间，先后发动了“5・1”“5・4”“5・8”三次大暴乱，对我干部群众进行血腥的大屠杀。

1946年5月1日，东宁县保安大队在王枝林及匪首“吴家三虎”和国民党特务的策动下，发动叛乱，他们里应外合，袭击东宁县政府，抓走县长杨森林和公安局长李东升。5月2日，王枝林匪部攻打绥阳县大甸子，杀害我军民一百多人。5月4日，王枝林匪部与隐藏在绥阳县绥芬河区公安分局内部的“复兴维持会”残余分子相勾结，里应外合，袭击了我公安分局，将区长赵长华、公安分局长肖凤云、公安队长孙振环残酷杀害。

接着，王枝林匪部又派特务田子元，拉拢绥阳保安大队长卢凤岐，策动我保安大队叛变，并决定5月8日攻打绥阳镇。这天凌晨，王枝林匪旅的营长孙忠魁和江井山（外号江左撇子）带领匪军包围了绥阳镇，天亮后发起进攻，炮火很凶猛。

我绥阳县县长魏绍武和他妻子、县妇联主任吴淑兰在县政府南楼，县公安局长于佑民在北楼，分别指挥迎战土匪，战斗十分激烈。我驻河南的保安队抵挡不住，退回街里，匪军攻进来，企图包围县政府大楼。魏县长指挥楼上守卫人员，集中火力向敌群猛烈射击，匪军被压住，不能前进。这时县保安大队长卢凤岐、副大队长刘发先公开叛变，向保安队员下令停止还击，队员们有的投降，有的逃跑，匪军乘机从四面八方涌进城内，包围了县政府大楼。魏县长指挥警卫班英勇抵抗，战士们不断牺牲。匪徒又架起小炮轰击大楼，而后冲进楼内，乱枪射击，魏县长和于佑民局长壮烈牺牲，吴淑兰和十七岁的儿子、女儿均被匪徒杀害。匪徒们搜查楼内时，在床下发现腿部受伤的魏县长三岁幼子还活着，就凶狠地要扔下楼去摔死，后经魏县长邻居林范五及群众哀求才被救下来，幸免于难。匪军占领县城后，大肆烧杀，制造了血腥的“5·8”绥阳暴乱。

为了平定牡丹江东部匪乱，牡丹江军区将进驻珠河一带的二团部队调回，进军绥宁地区。军区副司令员刘贤权率领二团和一团一部及十四团一部火速东进。东进剿匪部队首先攻下土匪占据的穆棱县城，取得胜利，匪军向东部逃窜。

部队继续前进。这天上午，二团乘坐火车从穆棱镇开往八面通，由于车厢多和山路曲折，坡陡难行，用两个车头牵引。当火车快到八面通时，发现敌情，列车放慢了速度。可是前边正是一段险路，铁轨左侧是刀削斧劈似的悬崖峭壁，右侧是一条大河，第一个车头刚拐弯过去，突然几声天崩地裂似的巨响，两个车头和前三节车厢就脱轨翻到河里去了，后面的车厢也倾斜在路基上。这是敌人事先破坏了铁路使我军车脱轨。就在车头刚一翻倒时，埋伏在山崖上的匪军也开始向我军车疯狂地射击。我军战士冒着敌人密集的弹雨，跳下车厢还击敌人。匪军的机枪火力很猛，我军伤亡较大。这时，杨子荣抓起一支步枪，以倾倒在路基旁的车厢为掩体，瞄准山上的敌人狠狠射击，一连三发，敌人的一个机枪火力点被消灭了。就在敌人机枪刚一“哑巴”时，他把一颗手榴弹甩上山崖，随着轰隆的爆炸声，他右手握着手榴弹，左手提着驳壳枪，猫着腰冲过硝烟，飞身跃上山崖。敌机枪射手已被打死，他迅速抓起敌人的机枪，向山上的匪军猛烈扫射，匪兵一个个倒下去。敌人在我军的打击下，死伤很多，仓皇地溃逃了。从俘虏的口中得知，他们是“九彪”股匪。

战斗结束后，二团政治处主任王日轩和杨子荣谈话，表扬他面对众多的敌人毫无惧色，作战勇敢。杨子荣笑着回答说：“主任同志，敌人多怕个啥，鸡蛋有多少筐也碰不过石头，他们是熊兵，我们是人民的战士！”

我军继续向绥宁地区挺进，马桥河一战大获全胜，毙匪一百余人，俘虏一百余人，缴获平射炮一门、重机枪两挺、轻机枪四挺、长短枪一百多支。5月22日我军收复绥阳，23日解放绥芬河。部队在绥芬河短时休整补充弹药后，由绥芬河向西南绕过东宁，断敌南逃之路，然后回师进攻东宁。

盘踞东宁的匪军大部集中在北山上，以为我军定从北来，准备阻击我军攻城，县城里土匪较少。

牡丹江炮兵学校编成的炮兵一团和战车（坦克）大队也配合二团参加剿匪战斗。二团一部分队伍从东宁县城南面，乘坐缴获的土匪开往老黑山的三辆汽车，跟随在战车大队的两辆坦克后面向县城进攻。在坦克和大炮的配合下，消灭了大批敌人，除匪首王枝林带残部三十余人逃窜外，共击毙匪团长吴三虎（吴振江）以下四百余人，生俘匪营长吴二虎（吴振海），匪旅部参谋处长吴大虎（吴振山）缴械投降。范兴山匪团也被消灭大部，只有该团“江左撇子”营向绥阳以北逃窜。6月10日我军胜利解放了东宁县城，救出被土匪抓去的杨县长等同志。

收复东宁后，二团回兵绥阳追剿“江左撇子”营。“江左撇子”，本名江开山，是东宁县北河沿的大地主，当时已七十多岁。他年轻时当过炮手，练成一手好枪法，左手打枪百发百中，故而得此绰号——“江左撇子”。张作霖军阀时代他当过地方商团团长，九一八事变后，他参加王德林义勇军当团长，义勇军抗日失败后，王德林退入苏联，江开山投降日寇。1945年8月日寇投降后，他参加王枝林匪帮范兴山团任营长，和匪首孙忠魁一起参加了绥阳暴乱，我军收复绥阳、东宁后，他带领全营逃往绥阳北部山区。

二团追到细鳞河，匪军逃进北大山，团部临时驻河西村，王团长派杨子荣出去侦察匪军下落。

杨子荣在绥阳北转了一天，没有发现情况。天黑后下起了小雨，他沿着一条森林小铁路往回走，突然发现前边有一个扳道岔子的小房，他想钻进去避避雨，待走到跟前听见里边有人说话。那时已没有铁路工人了，在这远离村屯的山沟里，肯定是土匪。“怎么办？自己悄悄走开，不行，见着土匪不能放过。自己一个人能否对付得了？土匪大多是怕死的，还得先虚张声势，把他们镇唬住，再制服他们。”杨子荣在心里琢磨着。他仔细听听说话声，人不多，于是决定乘敌不备，抓这几个“舌头”回去，也许他们就是“江左撇子”匪部的人。

杨子荣侧身站在门旁，端着大肚匣子，厉声喊道：“不许动，我们是民主联军，你们被包围了，缴枪不杀！”没等土匪醒过神来，他又诈喊：“二班堵房后捉活的，三班准备好手榴弹，不缴枪就甩！”

屋里的土匪吓坏了，连声喊：“别扔手榴弹，别扔手榴弹，我们缴枪，我们缴枪！”

杨子荣喝问：“你们几个人？”

“我们三个”土匪回答。

杨子荣一听心里有底了，三个人好对付，就又大喊：“把枪和刀子都扔出来！”

土匪把三支步枪和三把匕首扔出门外，杨子荣用脚把枪和刀钩到一边，又下令：“你们一个一个爬出来，脸朝地，谁抬头就打死谁！”

三个匪兵都按他的命令，像三只大乌龟从小屋里爬出来，四肢平伸趴在地上。杨子荣命令一个匪兵坐起来，解开绑腿，把另两个倒背手绑上，然后杨子荣把这个匪兵也绑好。再把三支步枪的枪栓卸下来揣在兜里，把空枪挂在俘虏的脖子上，把匕首插在自己腰带上。他又用绑腿把三个俘虏连成一串，他提着枪在后边牵着，喝令三个土匪：“你们要想活命，就老老实实地跟我走，谁要是捣蛋，我立即要他的小命！”

“不敢，不敢！”三个土匪同声答应。杨子荣一个人押着三个土匪胜利地回到团部。

抓“舌头”摸清敌情 巧侦察智俘“江匪”

这三个匪兵果然是“江左撇子”营的，他们供出匪大队已逃往河西村东北六十余里的老莱窖地方。当时部队只有一张五十万分之一的地图，好多小屯子地图上都没有名，全靠从群众中调查才知道。据当地老年人讲，老莱窖这个地方有百多户人家，是伪满日本人搞“归屯并户”的法西斯统治时建立的“集团部落”。屯子四周有很高的土围墙，当年敌人为防备抗联袭击，由山林警察队在这里长期驻守着。

王团长等领导经过研究分析，确认敌人就住在这个易守难攻的屯子。为了更有把握，需要进一步查明敌情。于是一面封锁消息，一面派杨子荣带一个侦察员和一个向导前去侦察。由于只有一条山道相通，估计敌人可能在路上设有潜伏哨，王团长叫杨子荣在天黑前进到距该屯二十里左右的地方停下来，余下的四十里路等天黑后再走，并且要在第二天天亮前离开屯子，撤到二十里路外，以便给敌人突然袭击。

这个侦察任务是很艰巨的，但杨子荣毫不畏难，越是艰险越向前。他接受任务后，吃完中午饭就带着侦察员和向导出发了。一路上未碰到敌人暗哨，他们到达目的地时已经半夜，在距屯子一里多地的一棵大树下停下来，杨子荣让侦察员和向导隐藏在大树下等着，他自己摸上去。

到了屯子，杨子荣悄悄地绕了一圈，见屯子四周的围墙有两丈多高，伸手够不着顶，四角建有高大的炮台。围子的南北门都有岗哨，而东西两边没有门，只有东墙的中段塌了个豁口，距墙根还有一人来高。他在豁口处守候观察和试探了好一会儿，确认里边没有暗哨，就敏捷地从豁口爬了过去。围子里边有三排民房，家家户户都住着匪军。杨子荣刚顺墙根溜到东北角，就听见从南边沿墙根走过来一个人，他赶紧隐藏到暗处。那个人直奔一间北屋走去，屋里闪着灯光。他侧耳细听，原来是带班的来叫人换岗。不一会儿，那个小头目带着四个匪兵出来，然后分两路，一南一西地走了。杨子荣见了灵机一动，决定利用敌人换哨的机会，抓一个“舌头”回去。

他等匪兵们走远，听听四周没有动静，也悄悄进入这间屋子，只见一铺大炕上，半截睡着匪兵，半截空着。他走到炕边，朝边上的那个匪兵狠推了两下，喊道：“起来，站岗了！”

那个匪兵迷迷糊糊地爬起来，下炕穿鞋，杨子荣赶紧退到门口的黑影里等着，见匪兵背着枪出来，就转过身去往前走，匪兵迷迷糊糊地跟在后面。到了东墙根的豁口处，杨子荣放慢了脚步，见四下没人，突然转过身，匣子枪顶住匪兵的胸口，低声命令：“别出声，出声就打死你，我们是民主联军，把枪放下，老实跟我走！”

匪兵吓得尿了裤子，浑身哆嗦成一团，杨子荣把他的步枪抓过来背到肩上，又喝令：“爬过去！”

匪兵手脚都不听使唤了，爬了好几次才过了豁口，杨子荣也翻过墙，押着土匪走到屯南的大树下，会同等着的两个人，快速地向河西村奔去。

第二天上午，他们押着俘虏回到团部，杨子荣乐滋滋地向王团长敬礼："报告二〇一，我抓个活的回来！"他接着一口气将完成侦察任务的过程和审问俘虏的情况汇报完毕，那股高兴劲真像看了一场喜剧似的。王团长也非常高兴，拉他坐下一块吃午饭，他说什么也不肯，敬个礼就走了。

王团长再次详细审问了俘虏，弄清了"江左撇子"营有二百多人、三挺轻机枪和岗哨等情况，决定当天夜里行动，奔袭这股匪军。王团长下令，午后四时开饭，五时出发，第二天拂晓袭击敌人。

傍晚，部队出发时，杨子荣又来到王团长面前。

"你别去了，在家好好休息，你来回已跑了一百二三十里了，明天你跟后勤人员一起来！"王团长关切地对杨子荣说。

"我不累，敌人情况可能会有变化，你随时都需要人！"杨子荣诚恳地要求着。

"不行，你一定要在家休息，这是命令！"王团长故意板着脸严肃地说。他深知杨子荣是个为工作不惜拼命的好同志，总是把战斗任务放在第一位，从不考虑苦累，就是疲劳到极点，有时困得走着走着就睡着了，也还是不肯休息。对这样的好同志，做领导的必须主动关心，否则会把他累垮的。

杨子荣见要求不行，他也明白首长是对他关心，就不再磨了，连说："好，好，我休息！"

王团长这才满意地笑了。

部队经过一夜急行军，拂晓时到达距老菜窖三四里的地方。王团长部署队伍，分两路进攻敌人。队伍开始行动了，忽然前边响起了杂乱的枪声。王团长不知怎么回事，他立即隐蔽到一棵大树后观察，以为中了敌人的埋伏。

正在情况不明时，杨子荣突然出现在王团长面前，他报告说：“二〇一，我又抓来一个有用的，这家伙是‘江左撇子’的亲信副官，我已问明白了情况，昨天敌人发现匪兵失踪，怕我军追来，也在天亮前转移，不料和咱们遭遇打了起来，枪声一响，匪军四散逃跑，钻进树林子里。我正好赶上，趁敌人乱跑时抓住了这家伙。”

原来昨晚部队出发时，杨子荣见争不过王团长，只好先答应留下休息，等部队走后，他又悄悄跟了上来，而且果然出现了新情况，他又起了大作用。

王团长听了杨子荣的话这才放了心，由于紧急，他顾不得问杨子荣怎么又来了，而且对他的突然出现还很高兴，他焦急地对杨子荣说：“敌人跑散了，可就不好打了！”

杨子荣凑到王团长跟前，悄声说：“团长，我有个建议，你看行不行？叫这家伙出来喊话，就说营部在这里，召唤敌人到这里集合，咱们把队伍埋伏在周围捉活的！”

王团长听了很高兴，他赞同说：“好，就这么干！”他立即下令队伍散开，隐蔽在附近树林里，等待土匪钻进口袋。

杨子荣用枪逼着匪副官站在一棵树后，让他大声喊叫：“弟兄们，不要惊慌，营部在这里，是自己打误会啦，快到这里集合！……”

他一连喊了几遍，不一会儿，匪军果然从四面八方，三三两两地走过来。土匪进入我军埋伏圈，全部被活捉，最后连那个老奸巨猾的匪首“江左撇子”也上了圈套，稀里糊涂地当了俘虏。

到天亮时，二团一枪没放，顺顺当当地捉了匪军一百三十多人，消灭了王枝林匪旅最后 个营，我军无一伤亡，给敌人以沉重的打击。到此，东路剿匪获得全面胜利，告一段落。二团受到上级的表扬，杨子荣也受到全团干部战士的称赞。

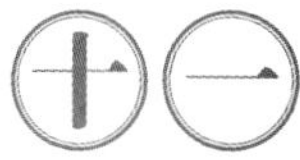

新安镇阻击叛匪　马厂屯夜擒敌兵

二团回到河西屯，这时接到军区命令，让二团急速回兵海林，说原在牡丹江南部被我打散的马喜山匪股，又聚拢一起，被我一团追剿，从镜泊湖一带向北逃窜，到了海浪河、马厂一带，很可能越过铁路，逃往北边的大山里，令二团前去堵击。

部队回到海林镇驻地。6月19日，王团长让作战参谋陈庆和杨子荣带领侦察班去海林镇西南的新安镇了解马喜山匪帮的活动情况。当时二团二营营部和所属五连驻守在那里，还有新安镇保安中队部及第一分队也驻在镇里。据二营干部反映，这个保安中队成分很复杂，骨干大部分都是伪警察，与当地土匪武装暗中勾结。副中队长张安邦即是伪警察，第二分队长孟庆奎是国民党“东北挺进军保安第二十七旅”少将旅长孙志尧的干儿子，第四分队长王喜双有好几个亲戚都是马喜山匪部里的头目。新安镇一带是马喜山、孙志尧匪部盘踞的重要地区，土匪经常进行骚扰破坏，现在马匪被我一团从南边赶过来，他们便加紧活动。

我二营五连是新组建起来的队伍，人员成分也很复杂，马匪利用保安中队里的内奸，既策反保安中队又策反五连，很可能发生叛乱。王团长要他们到新安镇后提高警惕，注意区中队的动向。

陈庆和杨子荣带领侦察班从海林坐火车先到山市镇，然后徒步向南行进，翻山越岭，于中午到达新安镇二营营部，二营副教导员戴常勇迎接他们，非常高兴，向他们介绍了情况：区中队里确实有人与马喜山匪部有勾结，五连里也有人与保安中队的人有来往，行动可疑，很可能发生叛变，营部已派五连连长刘田大去区中队当副指导员，以便掌握他们的动向。

陈庆让戴常勇把刘田夫找来，一块开会研究布置防备叛乱措施。刘田夫汇报说，区中队里最危险的分子是副队长张安邦，对他应采取措施。陈庆叮嘱刘田夫要提高警惕，回去注意张安邦等人的活动。又吩咐戴常勇对营部和五连加强警戒，增加岗哨。

陈庆安排完了，散会后，杨子荣带领侦察员出了营部，到街里转了一圈，小镇不大，他们把镇里镇外都看了一遍，街道、路口都弄清楚了。

二营营部和五连住在一个朝鲜族群众的大院里。当晚，陈庆和杨子荣就住在营部，陈庆和戴常勇等睡在里屋的火炕上，杨子荣在外屋的锅台边放一张长条桌，找了一块砖头当枕头，和衣躺在上面。

日夜不停地侦察奔走，杨子荣非常疲劳，一躺下眼皮就粘在一起，再也不想睁开。但土匪、马喜山、区中队、叛乱以及白天他在街里看到的反常的沉寂，使他难以入睡，有一种不祥的预感。想到这，他机灵地坐起来，把二十响大肚匣子又检查一遍，打开保险，压在身下。

这天夜里，正是张安邦和马喜山匪部约定里应外合，袭击我二营，策动区中队叛变的时刻。张安邦看见陈庆、杨子荣一行人的突然到来，又找刘田夫开会，并增加岗哨，他便警觉起来，以为自己的阴谋败露，决定提前行动。

晚9时，张安邦派王双喜等几人先将立场坚定的第一分队长张庆双胁迫看管起来，又令叶树轩带人去包围区中队部，抓中队长张遂和、副指导员刘田夫，再令人去包围二营营部，以叶树轩那边的枪声为号，一起发动进攻。

叶树轩是区中队部的勤务兵，他很容易地进入了中队部，张中队长没在屋，只有刘田夫一个人，对他没有注意。叶树轩突然举枪对刘田夫喊："不许动！"刘田夫这才意识到叛乱发生了，他想掏枪已来不及。但这位"老八路"毕竟是经过长期战斗锻炼，斗争经验丰富，他在慢慢举手时，一下子将桌上的油灯打灭，与叶树轩搏斗起来。厮打中，叶树轩的枪走了火，外面的匪徒闻声冲进屋里，一拥而上，将刘田夫按住，绑了起来。

与此同时，区中队一分队听到枪声，一个班冲出屋去，另一个班因班长是叛乱分子，不在班里，行动迟缓，没来得及出屋，被叛匪堵住缴了械。

包围二营营部的匪徒，听到枪声也开始进攻。在外屋躺着一直没睡的杨子荣，听到枪声立即翻身滚到地上，推开门冲出去。这时院外响起杂乱的脚步声，杨子荣隐蔽在墙根下厉声喝问："口令！"没人回答，他又问了一遍："口令!"还是没人回答。他知道外边是敌人，立即扣动扳机，匣子枪"哗哗"地打出去。院墙外的叛匪用苏式轮盘冲锋枪向屋里扫射，玻璃窗都被打碎了。匪徒们一边射击一边狂叫："你们被包围了，快投降！"

杨子荣的匣枪不停地射击，顶住了匪徒，没能越墙进院。陈庆和戴常勇听见枪声也翻身下炕，迅速从后窗户跳出去，组织侦察班迂回到叛匪侧面，猛烈射击。二营干部和五连战士都投入了激烈的战斗。

这时匪首马喜山带二百多人已进到海浪河南岸的满城屯，听见新安镇里枪声很激烈，知道我军已有防备，怕中埋伏，不敢贸然进镇接应，只在那里观察动静。

激战持续了一个多小时，张安邦见援兵迟迟不来，感到形势不妙，不敢久战，慌忙组织叛匪向南退去，与马匪队伍会合。

杨子荣、陈庆带队向南追去，叛匪已走远，他们在村外的稻田地里拣到一个小笔记本，是刘田夫有意扔下的。

这次战斗，多亏杨子荣机警，及时冲出去阻击叛匪的进攻，否则营部也很危险。

上午，陈庆写了报告派人送回团部，王团长派队伍来追剿，杨子荣带领侦察员孙大德先行向南跟踪侦察。

他俩一口气追到马厂屯，老百姓说有二百多名匪徒在屯子里吃完饭就走了。杨子荣和一个老头唠起来，老人说土匪吃午饭时看了三次他家的大肥猪，没抓走，感谢老天爷保佑。杨子荣听了点点头，拉着孙大德走到老头的猪圈处，看了圈里养的一头一百五六十斤的大肥猪，又在猪圈周围转了一阵，还看了半天马厂屯的大路小道，然后告别老头往回走。

走出马厂屯四五里地，太阳就落山了。黄昏后，杨子荣又带孙大德回到马厂屯，悄悄地走到那个老头家猪圈后面的草棚子里蹲下。杨子荣小声对孙大德说："咱俩在这里隐蔽好，不要惊动任何人，老头也不告诉，等一会儿咱们抓土匪。"

"抓土匪？能来吗？"孙大德弄不明白，土匪能自己回到这里让我们捉吗？

"可能回来抓肥猪的！"杨子荣很有把握地说。

"我们只有两个人，土匪有二百多，怎么捉？"孙大德越听越糊涂了。

"唉，抓一口猪能要二百多人来吗？最多不过十个人，咱俩要捉活的，好了解这帮匪徒的内部情况。"杨子荣进一步解释着。

正在他们说着时，猪的主人，那个老头从屋里走出来，到猪圈看了一会儿，嘴里嘟嘟囔囔听不清念叨些什么。杨子荣碰了一下孙大德，不让他再吱声了，免得惊动老头。

这天夜里天上有浮云，月亮刚露一下脸就被遮住了，夜黑沉沉的，四野静悄悄，只有虫声唧唧。杨子荣和孙大德一动不动，忍受着蚊虫的叮咬，四只眼睛紧盯着猪圈，匣子枪顶上了火。

一直等到夜里十一点多钟，果然来了八个匪兵，还推着一辆小车。到了猪圈，他们就跳进去抓猪，弄得猪嗷嗷叫。老头听见跑出屋子，向土匪哀求说："老总，你们行行好吧，我只有这么一头猪！"

“我们一头还没有呢，老子们想吃肉啦，你慰劳慰劳咱哥们吧！”一个匪徒嬉皮笑脸地说。

“你们抢了这头猪，我就不能活啦！……”老头一边哭着说，一边拦挡着土匪，不让抓猪。

“他妈的，不想活就上吊去！”另一个土匪对老头连骂带踢，把老头打倒在地上。

几个土匪七手八脚把肥猪弄出猪圈，正要往小车上装。杨子荣见状轻声对孙大德说：“该动手了，你对付小车旁边的四个，我收拾老头那边四个。”

说完他们一起跳出草棚子，大喝一声：“不许动！”

前边的一个家伙吓得一愣，后退一步，慌忙举起枪。孙大德手疾眼快，“啪”的就是一枪，击中了这家伙的大腿，他倒在地上直哎哟。另外三个一看无力反抗，都扔下枪举起手来。

杨子荣那边也没有响枪，有两个家伙刚要动手反抗，杨子荣施展开武功，飞起一脚踢在一个匪徒的小肚子上，匪徒当即倒在地上疼得乱滚。接着又挥出一拳打在另一家伙的鼻子上，鲜血喷涌出来，那家伙双手捂住脸蹲到地上。杨子荣大声喝道：“不想活啦，都举起手来，谁再动就要他的命！”另外那两个也乖乖地交了枪。

老头赶忙把肥猪放回猪圈，连声说：“八路军真是神兵，神兵啊！谢谢，你们可救了我老头子的命啦！”

杨子荣命令两个土匪把大腿受伤的土匪抬到准备推肥猪的小车上，把缴获的八支步枪卸下枪栓放在车里，他俩押着这八个匪兵回到部队。

孙大德对杨子荣认定土匪一定会回来抓猪的事想不明白，他为什么估计得那样准。回到驻地禁不住问杨子荣："你怎么知道土匪一定会回来抓猪呢？"

"那个老头不是说过嘛，土匪中午吃饭时看了三次猪都没有抓走，我分析土匪是怕我军追击，急着吃饭赶路，来不及杀猪，二百多人大白天带着肥猪赶路也不方便。到了驻地，这帮饿死鬼般的土匪能眼看着一头大肥猪不吃吗？我估计他们晚上一定回头来抓的。"杨子荣讲了他的想法，说得孙大德直点头，他对自己的老排长观察分析问题的精细真是由衷地佩服，又上了一堂生动的侦察教育课。

经过审讯抓来的俘虏，知道他们是马喜山匪部，已经向十道梁子方向逃窜了。

杨子荣带孙大德继续跟踪侦察，他们追了一天，土匪已到十道梁子屯宿营。杨子荣从山梁上看见屯子里家家冒烟，知道敌人住在这里，他叫孙大德留下监视敌人，他自己进屯子里侦察。

杨子荣走到屯子边，避开岗哨，从围墙西北角一个豁口跳进去，见街上都是匪兵，他装作是屯子里的人，坦坦然然地走着。他看到一家门口放着一根扁担和两只水桶，就灵机一动挑了起来，走到附近的井边打满了水，挑着到匪兵多的院子里去。匪兵们看见这个胡子拉碴的农民挑水进来，以为是送水的，就招呼他把水倒下。杨子荣倒了水，又去挑，一趟又一趟，从东到西，从前街到后街，各个院都串了一遍，查清匪军有二百来人，指挥部住在村中间的一个大院里，伙房、伤号等也都一清二楚。

杨子荣完成侦察任务，放下水桶，翻出围墙，奔上山坡，和孙大德回去报告，队伍立即出发追击，半夜时赶到十道梁子屯，但匪军已经开走钻山了。尽管这次没有追击上，也使马匪不能向北大山逃窜。这股土匪后来终于被我军歼灭，匪首马喜山也被活捉处决。

杨子荣的战友、侦察班长孙大得

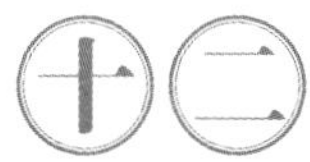

不居功谦虚谨慎　为人民热心赤诚

杨子荣是一位胆大心细和武艺高强的勇士，在敌人面前异常勇猛，永远是强者。但他并不是头脑简单的草莽武夫，他头脑特别冷静，沉着机敏，满肚子计谋。他常说：“战斗嘛，人多有人多的打法，人少有人少的打法，一个人有一个人的打法。”他总是求战若渴，只要能够取胜，有命令打，无命令也打。

杨子荣的思想作风非常好，他虽然出色地完成了不计其数的艰险的侦察任务，立下了许多战功，但他没有一丝一毫的自满和骄傲，非常谦虚谨慎。每次执行任务回来向团首长报告时，他从不显示和夸耀自己，总是对别人的作用给予充分肯定，对自己的缺点错误从不隐瞒，勇于承担责任，从不埋怨战士。而当别人夸奖他有能耐，是功臣时，他诚恳地说：“莫夸奖我嘛，胜利是党的功劳，是人民的功劳，是同志们的功劳。我干的，离党的要求还差得远呢！”他能够及时总结经验教训，主动地检查自己的缺点和不足。每次完成任务后，即使完全胜利，他对自己也总是不满意，有说不完的后悔和遗憾之处。他不断回顾说：若是如何如何进行，那样那样办，一定能完成得更好，打击敌人会更有利。

杨子荣不仅是一位胆大心细的优秀军事侦察干部，也是一位出色的政治工作干部。他很善于宣传和执行党的各项方针政策，积极做群众工作，对战士们进行政治思想教育，关心群众疾苦，全心全意为人民服务。

二团进驻海林镇后，杨子荣领导的侦察排就住在海林镇边上的共和村贫农孙玉琢家里。他积极访贫问苦，一家一户地进行宣传，帮助建立农会，建立民兵、儿童团等群众组织。经常给民兵讲形势、任务，讲政治、军事和革命斗争故事，教他们怎样射击和爱护武器，使共和村民兵排迅速成长，成为对敌斗争和保护群众的一支重要武装力量。青年农民孙玉琢开始对斗争不积极，有顾虑，杨子荣就经常和他一起干活、谈心，给他读毛主席的文章，讲革命道理，讲红军长征时期的艰苦斗争事迹。很快孙玉琢就提高了觉悟，参加了民兵，积极站岗放哨和参加反奸清算斗争。后来侦察排移住别处，杨子荣把毛主席写的《抗日战争后的时局和我们的方针》小册子留给孙玉琢，让他好好学习，照着去做。

杨子荣非常关心地方政权，保护群众不受损失。当时土匪经常窜进村子抢东西、杀人，曾把海林镇一个民兵队长抓走，用斧子砍死。从此，杨子荣每天夜里都围绕海林镇里的四个农会院子进行巡逻，暗中保护农会干部和群众的安全。一天夜里，几个土匪围住了农会主席贾润福住的房子，想暗杀他。正好杨子荣巡逻过来，他看见一个人趴在窗户上往里看，两个家伙端着枪站在门外，正要破门而入，他带领战士们跑步冲过来，土匪吓得赶忙逃走了。而贾家却不知道，第二天杨子荣才告诉他要提高警惕，昨夜好险遭土匪袭击。他还告诫共和村民兵排，要注意地主富农的活动，不要相信他们表面装老实。后来果然从姓李的富农分子家里搜出隐藏的一支手枪和一支大枪，他的两个当土匪的弟弟偷着回来弄吃的也被民兵抓住了。

杨子荣对自己排里的战士也非常爱护，注意对他们进行政治思想教育。新兵一到排里，他就带领他们访贫问苦，提高大家的阶级觉悟。他关心战士比关心自己为重，每到驻地，他都让战士们睡在热炕上，自己睡地下和板凳上。当时群众生活困苦，家里没有多余的被，冷天战士们也是和衣而眠。杨子荣挨个检查，把战士们的衣服扣扣好，以免夜里受凉感冒。战士们在外边跑一天，倒下就睡着。鞋子湿了，他一个个给脱下来，把里边的乌拉草拿出来，坐在灶口、火盆旁，给烤干絮好，再穿上。有的鞋坏了，他还给缝补好，然后才睡觉。

夏天热时，他总是背着水壶，自己渴了也舍不得喝，等缺水时再分给战士们喝。部队进入深山密林里剿匪，几天出不来，他把自己分得的干粮省着吃，留下给战士们。一次部队在山里追剿敌人，一个姓姜的小战士把帽子“挂”丢了，当时天很冷，正是零下四十多摄氏度的酷寒天气，杨子荣发扬高度的阶级友爱精神，把自己的皮帽子摘下来，给丢失帽子的小姜戴上，以致他自己的耳朵严重冻伤。

杨子荣始终保持艰苦朴素作风，部队发的毛巾他只用两头，以便能延长使用时间，他的一条毛巾可以使上二三年。部队每次发给他的新军衣和鞋子，他都换给战士们，自己穿旧的破的。有时他还把自己的衬衣、鞋子送给生活贫困的群众。

他更特别注意执行“三大纪律八项注意”，每次部队出发，他都认真检查借群众的东西是否还了，或有无损坏。一次有个战士借用群众一个旧碗出了个裂纹，他没有批评战士，悄悄地用自己仅有的几角钱买了个新碗还给群众。

因此，杨子荣领导的侦察排，深受当地群众的拥护和爱戴。杨子荣更是战士们拥护、敬佩，群众喜欢热爱的好干部。1946年10月1日，二团召开第一届奖模大会时，杨子荣光荣地当选为全团模范。

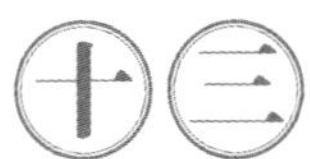

磨刀石侦察散匪　黑牛背巧退敌兵

经过半年多的连续追剿，到1946年秋天，牡丹江地区的大股土匪已被消灭，只剩下残匪、散匪在各地活动。土匪人数虽然减少了，但均是顽匪、惯匪，也更狡猾，不易发现。他们喊出的口号是："宁肯坐在山头望监狱，也不坐在监狱望山头。"他们隐藏在深山密林中，时常出没在边远山区，残杀百姓，破坏土改运动，盼望国民党"中央军"早日到来，以便"东山再起"。针对土匪的这一特点，军区将各团划分成许多小分队，分头搜剿。

二团团部派杨子荣带侦察员去侦察这些散匪的活动情况，以便进一步剿灭。杨子荣带领孙大德、赵宪功、孙立珍三人，前进到牡丹江东部马圈子一带，他们化装成当地农民，腰里暗藏手枪。杨子荣在山上看见山下有一个屯子，决定进去看看。因人多不方便，分成两组活动。杨子荣和孙大德一组，他们下山时碰见一个打柴的农民，杨子荣向他探问屯子里有无土匪，打柴人说屯子里有二三百名土匪。杨子荣对这个数字是否确实，没有完全相信，对敌情不能有丝毫马虎，他决定亲自进去侦察一番。

杨子荣向打柴人借了用具和衣服，化好装后，让孙大德留在山上掩护，他一个人挑起一担柴向村里走去。杨子荣刚一进屯，几个骑马的匪兵就喊住他：“喂，把你的柴火放下，给我们遛遛马！”杨子荣一听这是个好机会，就答应说：“行啊！”他接过四匹马，拉着缰绳在街里遛起来，一边溜一边观察土匪的人数、住处。遛完，他又假借找草料喂马，进到土匪住的几个院子，把敌人的情况看得一清二楚。敌人实际有一百多人，六挺机枪，两个掷弹筒。按敌人准备的粮草，估计明天才能出发。

杨子荣派孙大德回团部报告敌情，团部立即命令在磨刀石的一个营去攻打马圈子，歼灭了这股匪军。

杨子荣带侦察员继续向磨刀石附近侦察，他们从远处看到一个屯子，见村口有一个土匪岗哨，杨子荣叫战士们在屯外隐蔽起来，他自己向屯子走去。他顺手在地里拔了两颗白菜拿着，站岗的土匪问：“你是哪儿的？”杨子荣回答说是屯子里老张家的，给他们弄菜去了。说着坦然地掏出旱烟袋，一边抽烟，一边和匪兵唠起嗑来，从匪兵的嘴里了解到一些敌情。

杨子荣带领侦察员们完成了任务往回走，傍晚走到黑牛背村，碰见妇女会主任郎坤杰，她热情地把杨子荣他们让到家里。郎坤杰告诉杨子荣，李德林匪部的连长张大胡子，向人民政府投降后，村公所安排他住在后街粉房那屋。谁也没想到，李匪营长刘维章领几个人下山摸进屯子，趁张大胡子睡熟时，用匣子枪把他的脑瓜盖给揭了，还留下话：“谁敢靠近八路，给共军办事，就和张大胡子一样下场。”村干部们都胆突突的，今晚李德林匪部可能还要过来。

杨子荣听了对她说："今晚我们就不在你家吃住了。"

"你们哪回来都住我家，今晚为啥不住了？"郎坤杰不解地问。

"住在你家可能会把土匪引来，不安全，还会连累你们。"杨子荣解释说。

"那你们上哪住去，天这么冷，也不能让你们住露天地呀！"郎坤杰关心地说。

"有办法，过去在关内打鬼子时，武工队经常住在汉奸、地主家，反而更安全，我也找好一个最安全的地方，上他家去住，大伙可以放心睡大觉，连岗都不用站！"杨子荣神秘地笑着说。

杨子荣领着侦察员告别郎坤杰，来到东街敲开一个外号叫"毛子李"的家门。这位毛子李已是七十多岁的人了，他是"在家礼"（即"家礼教"）的，辈分高，连大匪首谢文东、马喜山、李德林等都不敢得罪他。因他在俄国呆过，会说俄语，见过大世面，交际广，人们就管他叫"毛子李"。伪满时小鬼子也不敢轻易动他，有些日本人也参加"家礼教"。他为抗联办过事，伪警察署里也有弟子。小鬼子倒台前，"家礼教"在牡丹江摆香坛，毛子李排在长辈。"家礼教"特别讲究辈分，对长辈绝对尊敬，不能冒犯。土匪好多都是"在家礼"的，对毛子李都了解。

毛子李开开门，见是几个八路，很吃惊。杨子荣向他行了"家礼教"的手势礼，即右手拇指和食指圈着，其他三个指头伸着，左手拱着右手向上一举。毛子李也用同样的手势礼还了礼，然后把他们让到屋里坐下。

杨子荣摘下帽子仰放到八仙桌上，这也是“家礼教”的一个规矩，表示今天要在他家吃饭，毛子李连忙吩咐家人准备晚饭。杨子荣又把帽子扣到桌子上，意思是今晚不走了，要在这里住。毛子李怔怔地看着杨子荣。杨子荣笑着说：“兄弟奉命追剿土匪，来到贵地，土匪可能夜袭。听村里人介绍，长辈德高望重，威加四方，连伪满洲国日本人都不敢冒犯，故想借长辈虎威，暂住一宿，不知长辈可容留否？”

毛子李听了微笑着说：“不敢当，村人言过其实。”

杨子荣见毛子李喜欢“戴高帽”，就更加捧着他说：“我等久闻长辈深明大义，见义勇为，乐善好施，扶贫助弱，非常敬佩！”

毛子李听了，捋着胡子高兴地说：“过奖了，贵军为国为民，秋毫无犯，老夫甚是敬佩，今晚几位请放心留住，老夫陪你们安睡。”

杨子荣四人一齐道谢。饭后，毛子李安排杨子荣四人睡在他的炕上，他自己坐在炕里，点着蜡烛看起书来，为杨子荣他们“打更守夜”。

半夜时，土匪果然进了村子，几十个人围住了郎坤杰家的院子，几个土匪跳过板障进到院里，有的把脸贴在纸窗户中间的小块玻璃上，往屋里看，有的用舌头舔破窗户纸往里瞅，见屋里没有八路，这才退出了院子。

土匪在村子里找了一阵，见毛子李家亮着灯，就跳墙进院，来到窗下，从玻璃镜中看见杨子荣四人正在炕上呼呼大睡，就隔着玻璃把枪口对准杨子荣他们的脑袋。

毛子李听到外边有动静，抬起头来，看到几支枪口对着炕上的八路，就咳嗽一声，朝着土匪瞪起眼睛。土匪头目见毛子李在炕上瞪他们，赶紧带着匪兵退出院去。

杨子荣四人安心地睡了一宿，第二天早晨辞别毛子李，来到郎坤杰家，讲了昨夜的情景。前半夜，杨子荣并未真睡，毛子李瞪眼退土匪的事，他全看在眼里，后半夜才放心地大睡了。郎坤杰夫妻对杨子荣的大胆和利用毛子李保护他们的安全，非常敬佩，于是传扬开去，都称赞杨子荣是智勇双全的英雄。

十四

打“九彪”袭击沙河　穿林海捣毁敌巢

当时流窜在林口、宁安、穆棱等地的“九彪”股匪，还在不断活动。“九彪”原名刘亚杰，山东省沂水县人，1907年从山东来穆棱县磨刀石落脚，不久即结伙为匪，报号“九彪”。九一八事变后，他的匪队扩大到七八十人，经常抢粮、绑票。1943年“九彪”投降日军，当了特务班长，其匪队在山林中以种大烟（即鸦片）为名，搜集我抗日联军情报。1945年8月日寇战败后，“九彪”又纠集起几百人继续为匪，不久被国民党东北保安司令部吉林先遣军收编为第七旅，委任“九彪”为旅长。他曾两次炸翻我二团东进剿匪部队乘坐的火车，甚是猖狂。

为了剿灭“九彪”股匪，1946年11月间，二团王团长带三个连再次到磨刀石附近活动，杨子荣随队侦察。据当地老百姓传说，“九彪”干了几十年土匪，山地最熟，他自吹说，不经过村屯，从海山崴拉荒走山道，可以一直走到辽西的医巫闾山；听山鸟叫，便能判断出从哪个方向来了人，来了多少人。“九彪”确实很狡猾，我军搜索他们营地时，他们早已躲在附近的背坡上，我军从山脊上走，发现不了他们，等我军走过时，他们才跑。

“九彪”有好多处巢穴，王团长带队进入磨刀石南部的深山老林中，由于林子太密，夜里燃起篝火，几十米外看不见亮光，给作战造成很大困难。

杨子荣走在大队前边进行侦察，他向一位“赶山利落”老人打听到，在一个大山的前怀有个暖泉子，冬天不结冰，过去东北抗日联军在那里建过密营。他不顾危险，一个人钻进不见阳光的密林里，摸索着往前走。他带着一把利斧，走一段在树上砍一个白印，做回来时的标记。每登上一个山头，他都爬上一棵大树，观察远近山势，校正方向。他整整走了一天，终于发现了“九彪”匪部的窝棚，赶紧回来报告。当部队寻着他砍的树印赶到时，土匪已发现我军，刚刚逃离营地，一口大锅里的高粱米饭还是热的，土匪在窝棚周围种的大烟，也还长着。

部队停下来休息，议论纷纷。突然从林子里钻出三个外出才回来的匪徒，他们一时没看清楚，误把我军当成了自己人，看见乱哄哄的一大片，就生气地大喊大叫：“他妈的，你们把草都踩倒了，等着被共军看见，不想活了！”

杨子荣看见是土匪，立即奔过去想捉活的，这三个家伙发现不对头，回身就往林子里跑，杨子荣和战士们开枪射击，打死了一个匪兵。这次又让“九彪”匪部逃走了，我军烧毁了土匪窝棚，捣毁了他们的一处巢穴。

王团长带队绕绥阳南下金厂，杨子荣发现一股土匪队伍，尾随在后走了一天，等敌人住下时，他立即抽身跑回来报告。队伍赶到后向匪军发起进攻，因地形没搞清楚，虽然打死了三十多个土匪，但我军也牺牲了十几名战士，杨子荣感到自己有责任，认真地做了检讨。

这时又发现金厂南边的沙河子有土匪，王团长带一个营前去追剿。杨子荣事先侦察清楚了敌人情况，团指挥所占据了村外的一个小山包，杨子荣随团指挥所行动。拂晓时，部队冲进了村子，展开激战，枪声响成一片。不一会儿，有十几个人从村子里跑出来，奔向团指挥所。由于天还没亮，看不清是土匪还是我们队伍，杨子荣对王团长说：“团长，注意，可能是敌人！”待看清楚时，土匪已抢先开了枪，他们用苏式轮盘机枪、冲锋枪疯狂地向我阵地扫射，王团长和参谋、通信员、文书等处于危险境地。杨子荣怕团部受损失，就直起上半身向土匪喊话：“弟兄们，别打了，不要误会，是自己人……”他想以此迷惑土匪。但匪军不听，乱骂着：“谁他妈的和你们是一家，打！狠狠地打！”火力更加凶猛，打得抬不起头来。杨子荣叫大伙赶快从山包后坡滑下去，隐蔽转移，他一个人用驳壳枪还击掩护。他打得猛，打得准，压住了敌人。但团部文书刘崇礼因穿着棉大衣动作慢了点，臀部中弹负伤，通信员小李的膝盖也被子弹打穿。

这次战斗，我军虽歼灭了东宁残匪营长郑玉发及其部下数十人，但因没把敌军全部堵在街里，一部分逃了出来，团部领导险遭损失。多亏杨子荣机智、勇敢，掩护大家撤退，才化险为夷。事后，杨子荣跑了很远的路，到后方医院去看望受伤的刘文书和小李，还用自己的津贴费给他们买了鸡蛋等补养品，并向他们做了检讨，说由于他没有布置好警卫，保护好机关，使他俩受了伤，心里很难过，请他们多批评。

由于没捉到"九彪"，王团长、一营长王孝忠和杨子荣，又带三十多人，乘火车到鸡西封锁消息，沿中苏边界的深山密林向南搜索，日行一百二十里，仍未发现土匪的踪迹。当他们回到海林时，已是1947年1月初。这时军区又转来情报，说穆棱下城子南七八十里的大碱场附近，发现十几个土匪抢粮、杀人，以为又是"九彪"，王团长带杨子荣等三十余人赶到那里。

他们冒雪行军，夜里到了靠山屯，大雪覆盖了整个山林、村落和道路。杨子荣时刻保持高度警惕，他想屯子里很可能有土匪的坐探，见我军到来，一定会进山去报信。所以第二天天刚亮，他就起来围着屯子转了一圈，果然发现有一行新脚印向林子里走去。他立即报告王团长，王团长当即下令出发，跟着脚印进山。

杨子荣带领侦察员走在部队的前边当"尖兵"，在没膝深的大雪中蹚出一条雪道，每个人都累得筋疲力尽。他们走了一天，到太阳偏西的时候，突然雪地上的那行脚印消失了。杨子荣他们四下寻找都没有，真是太奇怪了，这个土匪难道"飞"了？部队只好停下来休息。就在这时，一个战士走到一边去大便，突然从林子里响起了枪声。顺着枪声的方向望去，从密林的缝隙里，看见土匪像从地底下冒出来似的，一个又一个地钻进了林子。王团长下令向敌人射击，但由于林子太密，子弹"噗噗"地都打进了树干里，手榴弹扔出去也被树挡住，飞不远，炸不着敌人。一个大个子土匪钻出来后，还回头看了看。王团长认出这个家伙是土匪的一个营长，名叫吴二虎，我军在年前5月中旬解放东宁县城时，曾俘虏过他。为争取瓦解土匪，经教育后又把他放了，他当时表示再也不当土匪了。可是这家伙贼心不死，没过多久又拉起一伙人为非作歹。王团长大喊一声："吴二虎！你还往哪跑，快投降吧！"这家伙听见喊声跑得更快了。最后由地下钻出来一个机枪射手，他抱着一挺苏式轻机枪刚跑几步，就被树枝绊倒了，杨子荣冲上去把他按住绑了起来。从他的嘴里才知道这些匪徒都藏在地窖里，上边栽了许多假树，大雪一盖什么也看不出来，和真雪包一样，所以很难发现。由于土匪岗哨看见那个要大便的战士，走到地窖附近，以为发现了他们，才鸣枪报警，土匪赶快钻出来逃命。至于那个坐探的脚印为什么在雪地上突然消失，原来是他走到离土匪藏身的地窖几十米处时，就纵身跃起，攀着树枝一点一点挪过去的，因而找不到脚印。他们仔细一观察，果然这一溜树枝的雪都震落了。

杨子荣知道土匪为消灭踪迹，通常使用走过后扶起被踩倒的草棵和用雪盖上脚印的办法，还不了解土匪攀树枝走的事。这回又发现一个新情况，又增长了一个见识，进一步丰富了侦察经验。

经过仔细搜索，再未发现别的情况，王团长下令把土匪藏身的地窖彻底捣毁，全部烧掉，使其再也不能修复利用。

就这样先后五次，也没抓到"九彪"（直到1952年7月16日，才在搜山围剿残匪时，将其击毙），由此，得出经验教训，类似"九彪"这样久藏山林的老匪，派大部队追剿，等于用大炮打苍蝇、拳头打跳蚤，不起作用，必须派少数精悍的侦察人员，打入敌人内部，里应外合，才能取胜。这就是后来杨子荣化装成土匪，大智大勇，生擒匪首“坐山雕”采用的有效战法。

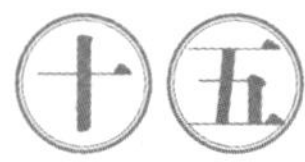

“坐山雕”潜藏深山　用计谋化装侦察

1946年入冬以来，二团对国民党委任的东北先遣军第二纵队第二支队司令、三代惯匪“坐山雕”部进行了多次搜剿，歼灭了大部分，但潜藏在海林县西北部夹皮沟山里（现属海林市林业局前进林场）的“坐山雕”老巢，却一直找不到。

军区经调查已了解到“坐山雕”的身世，他本名张乐山，山东昌潍地区人。幼年父母双亡，十三岁随堂兄来东北牡丹江地区山里伐木场当勤杂工，十五岁上山当土匪，十八岁即当匪首，已有五十七年的土匪生涯，是历经清末、张作霖和伪满洲国三个时代的惯匪，他还是“家礼教”的长辈，排行二十三辈，为人既凶狠善战，枪法又准，且老谋深算，诡计多端。在各股土匪中是“老资格”，比“九彪”老得多，“经验”也丰富得多。张作霖时期，曾派兵追捕过他，连他的影子都没看见。伪满洲国时期，曾一度被我东北抗日联军收编，后又被日寇策反收买当“讨伐队长”。不久，当他发现日寇因他不能全心效忠而准备除掉他时，他竟又在日本鬼子的眼皮底下溜走，重返山林当土匪。他在各匪股中很有“名望”，被匪众称为“三爷”。他为什么报号“坐山雕”呢？他曾对匪众们吹嘘说：“我就想当个山上的老雕，大清国、张作霖、小日本、国民党，谁给我官都行，但谁要管我那不行！”他的妄想就是“坐山为王”，“坐山雕”即“坐山为王”的意思。

日寇投降后，他表面上也接受过我牡丹江军区的收编，但暗中却又接受国民党的委任。国民党许愿他打下牡丹江后，封他为“卫戍司令”。

“坐山雕”这个老匪非常狡猾，行踪诡秘。我牡丹江军区二团曾用一个营的兵力，背着背包，带着炊具，进山搜索一个多月，也未发现他的一丝踪迹。在那茫茫无边的林海雪原里，大部队行动很不方便，土匪很容易发现我军行踪而隐藏起来。

1947年1月中旬，二团接到群众报告：“坐山雕”匪部在海林镇西北四十多里处，向群众抢劫吃的穿的。接着，又在海林镇农会办公室的地上，发现一封写给农会主席贾润福的信。打开一看，又是“坐山雕”匪部向他强要二十件棉衣、十袋白面，三天内必须送到胡家窝棚，否则要他的脑袋。贾润福把信交给了二团首长，他们看了很高兴，认为这是搜剿“坐山雕”的好机会。从这封土匪要给养的恐吓信和群众的反映来看，“坐山雕”的老巢肯定就在海林县北部山区，人数也不太多。

他们立即开会研究搜剿计划。考虑到大部队几次进山抓“九彪”都未抓到的教训，派大部队去搜剿无益，因为“坐山雕”比“九彪”还狡猾，要吃的穿的，他绝不会亲自出马，他的老窝在哪里不知道，即使知道了，大部队一去，他又逃跑了，这次惊动了他，再找更难了。

为此，团首长又把多次立功的侦察战斗英雄杨子荣找来研究，还得把这个极为艰巨的侦察任务交给他，要求他这次一定要摸清“坐山雕”老巢的情况，如果他们人数不多，能打就乘其不备消灭他们，不能打也要搞清地点，最好能抓个“舌头”回来，或派人回来送信，再派部队去围剿，里应外合消灭他们。决不能再让这个老匪在我们眼皮底下如此嚣张了，谢文东、李华堂那些上万人的大股土匪都被我们消灭了，难道一个“坐山雕”我们就对付不了？擒贼先擒王，只要消灭了匪首“坐山雕”，匪众就不战自溃了。当然也考虑到，“坐山雕”老奸巨猾，不易蒙骗，弄不好还会被他吃掉。因此要杨子荣慎重考虑，拟定一个非常有效可行的侦察方案。

这天晚上，团首长正在屋里点着马灯开会。突然门开了，一个身穿羊皮袄，头戴一顶狗皮帽子，土匪打扮的人闯了进来。机警的警卫员一下子抽出手枪对准来人，大声喝问：“什么人？”几位首长也都愣住了，一时屋内空气十分紧张。只见来人右手拇指和食指圈成圆形，其余三指伸着，左手拱着右手向上一举，左腿一弓，行了一个“家礼教”的大礼，同时喊了声：“拜见三爷！”这一举一动完全和土匪一样。接着，来人哈哈大笑，摘下狗皮帽子，大家才认出是化装成土匪的杨子荣。

王团长亲切地拍了一下杨子荣的肩膀说：“子荣同志，真有你的，看来你已经想好侦察方案了，来，坐下，喝口水，谈谈你的打算。”

杨子荣在一只板凳上坐下来，接过王团长递过的搪瓷缸，呷了一口水，清了下嗓子，侃侃地谈起他经过深思熟虑的想法。

杨子荣高兴地接受了侦察“坐山雕”匪巢的任务，但也感到这个任务很艰巨，这个老匪实难对付，他有五十多年的山林活动经验，从不大股集中活动，总是少数人分散出入山林。他住的巢穴更是极其秘密、隐蔽，除了少数亲信知道，一般的匪部也都不太清楚，所以从俘虏的土匪和群众的口里都得不到一点线索。他还令其匪部严格执行“兔子不吃窝边草”的山规，对山边居民、伐木工人、赶山的百姓很少伤害，有时还给点好处，以此收买人心。他还在村屯里安插一些坐探，因此他眼线多，耳朵长，消息灵，一有风吹草动，便能迅速躲避。

查清“坐山雕”老巢难度很大，但杨子荣从来没有向困难低过头，他向团长表示，这次一定克服万难，搞个水落石出，战胜“坐山雕”。针对“坐山雕”行动诡秘的特点，一般的侦察方法无济于事，他决定化装成土匪，而且要化装成远处的土匪，因近处土匪“坐山雕”都知道，瞒不住他。杨子荣准备化装成去年6月在东宁县被我军歼灭了的吴三虎（吴振江）残匪，想办法与“坐山雕”匪部直接见面，拉上关系，就说是在东宁那边混不下去了，久仰“坐山雕”大名，想找他入伙，如果他们不便收容，就去吉林那边投奔国军，向他们借个道。以此取得他们的信任，然后再设法打进匪穴，实行智擒。

王团长听后问他：“你对土匪的黑话和生活习惯都掌握了吗？”

“不敢说都会，可也差不多，我审问过好多土匪，包括匪首吴二虎，他们那套东西我基本都熟悉。咱们团还有解放过来当过土匪崽子（即匪首警卫员）的，我和他们都谈过，还可以找他们练练。这样做当然有些冒险，但‘不入虎穴焉得虎子’，只有不怕牺牲，才能战胜敌人。我认为土匪终究是土匪，再顽固也怕死，怎能和革命军人相比。常言说‘横的怕愣的，愣的怕不要命的’，‘坐山雕’也没什么了不起，他也怕死。”杨子荣信心十足地回答。

“你准备带几个人去？”王团长又问。

杨子荣略一思索回答：“带五个人足够了，多了容易引起敌人的怀疑，而且人多口杂，容易走嘴露馅。我挑选了孙大德、魏成友、赵宪功、孙立珍、耿宝林五名同志，他们都勇敢沉着、经验丰富和熟悉本地情况，组成一个精悍的侦察小组。”

王团长和王政委、曲波副政委交换了一下眼神，大家都点点头，同意杨子荣的侦察方案。

“那就这样决定了，子荣同志，你们去准备吧，明天是正月初五，午后出发。进山后，情况搞清楚了，立即回来报告，我们马上派队伍去清剿！”王团长恳切地说。

“进山后，遇事一定要谨慎，多商量，为了斗争需要，装得像土匪，遵守群众纪律可暂时灵活一些，事后再说明情况。”王政委和曲副政委叮嘱说。

“是，请首长放心，我一定坚决完成任务！”杨子荣立正回答，转身走出屋子。

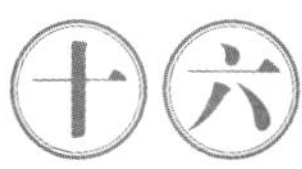

扮土匪进入“工棚” 说匪话打动“把头”

杨子荣回到侦察排，向孙大德等五名侦察员布置了任务，讲明这次的特殊情况，进山后就正式装成土匪，说是东宁吴三虎匪部被打散的人员，要找“坐山雕”匪部入伙，入不了就去吉林那边投奔国民党军队。大家都要说学会的土匪黑话。而且一定要记住，再不能互相叫同志，见到群众也不能叫老大爷、老大娘，装得一定要像。但有一条，除非斗争需要，不准违反群众纪律，不准拿群众的东西。他们的身份是，杨子荣装土匪副官，孙大德装土匪排长，其他人为匪兵。见到土匪后，主要由杨子荣和孙大德答话，别人少插言，以免说漏了引起土匪怀疑。大家赞同杨子荣的安排，以后出现新情况再研究。

任务明确后，大家积极做准备。杨子荣借了农会主席贾润福的二尺半黑棉袄穿上，外罩一件日本军用半截黄呢子大衣，头戴狗皮帽子，其他人也都穿上便衣，腰里暗藏匣枪和手榴弹。每个人从伙房里拿了几个高粱米饭团和几盒火柴、少许盐粒揣在兜里。

1947年1月26日（农历正月初五）午后，杨子荣带领五名侦察员由海林镇秘密出发，一直往西北走。夜里到了一个靠山的小屯子，向老百姓打听有无土匪情况，群众分不清他们的身份，没有得到什么线索。又走了半夜，也未发现什么情况。

天亮后，他们坐在一棵大树下休息，杨子荣让大家进一步讨论一下这次的侦察办法。同志们首先提出一些意见：没穿棉大衣，天太冷，在山里时间长了挺不住；每人只带几个冷饭团，没吃的也不行；再就是找不到线索怎么办？杨子荣鼓励大家说："在山里活动困难肯定是很大的，要想抓大鱼，就得放长线，抓'坐山雕'这只老狐狸，不花点力气，不吃点苦头能行吗？可是话又说回来，再狡猾的狐狸也斗不过好猎手，我敢保证，咱们在山里转上几天，一定能找到土匪。"

侦察员们都了解自己的老排长，佩服他的本领，也知道他从不说大话，但总觉得心里没底，于是对杨子荣说："排长，吃苦我们倒不怕，就是担心找不到土匪，完不成任务！"

杨子荣看大家提不出什么更好的改进意见，就仍按原计划进行，他领着同志们向北大林子奔去，一路上，不断演练土匪黑话和动作。杨子荣带头用黑话和大家"说山"（即闲扯），故意说些民主联军的坏话，哼着民间流传的庸俗小调："提起那宋老三，两口子卖大烟，一辈子无儿生了个女婵娟哪……"孙大德接下去唱道："这姑娘年方一十八岁呀，起了个乳名叫宋大莲哪……"

"哈哈哈……"大家听了憋不住一阵大笑，他们这套表演和真土匪没什么两样。

傍晚，他们转到蛤蟆塘一带的森林里。当走到一小块开阔地时，突然从附近传来"梆、梆、梆"的奇怪响声，连响了三次。这是用木棍敲击树干发出的响声，短促而清脆。杨子荣一听就明白了，他高兴地低声说："注意，有土匪！"大家一听都兴奋起来。

杨子荣警觉地用眼睛向四周的林子搜视着，一面小声和五个战士说："土匪发现我们了，这是他们在'叫棍'！"说着他也走到一棵大树下，用棍子照样在树上敲了三下。听了听没有回音，于是又敲了两遍，还是没有回答。这是山里人或土匪联络、接头的一种方法和暗号，因事前没有约会，所以对方只是试探，没有露面。大家又等了一阵，仍没有回音，也没有人出来。

"走！"杨子荣果断地下令，他决定主动地找上门去，朝着发出响声的方向走去。

走着走着，发现前边山脚下林子里有微弱的亮光，他们急速向亮光走去。最初以为是个小屯子，等走到跟前一看，原来是伐木场的大工棚子，亮光就是从棚子里透出来的。杨子荣和侦察员们都把匣枪打开保险提在手里。

杨子荣走上前，把门推开，在昏暗的灯光下，看见工棚子里有一铺大炕，地中间有一个大煤油桶做的炉子，里边烧着木柈子，发出"呼呼"的响声。地上放着许多大斧和带锯。长炕上躺着十几个人，有的打着鼾声，有的抬头看了看，又睡下去。炕头上盘腿坐着一个五十来岁的男人，黑脸秃头，络腮胡子，正"吧嗒吧嗒"地抽着旱烟袋。这些人究竟是工人还是土匪，一时弄不清楚，抽烟的人看样子像是个小工头。

杨子荣上前行了拱手匪礼，这个人装作不懂，没有理睬。他又用黑话试探："三老四少，讨个方便，家里着火烧的很苦，想借个道，找小孩他舅！”

那人好像没听见似的，仍坐在那里一袋接一袋的抽烟，一句话也不说。躺着的那些“工人”也不吭一声。

孙大德假装生气地骂了一句：“他妈的，是聋子还是哑巴，真晦气，咱们走！”孙大德拉着杨子荣走出工棚子门。

杨子荣决定进一步试探这个领头的，根据经验推测，这些工头和土匪都有一定关系。于是杨子荣和孙大德在棚子外边继续用黑话谈着，杨子荣说：“真他妈不顺当，紧三天慢三天，还是看不见天王山！”孙大德接着说：“什么天王山，我看都是空的，小孩他舅准是死了！”“这把火烧得真他妈够惨，冷冻数九的得找个‘啃富’（即吃饭）的地方。”杨子荣叹着气说。“他妈的，这里不养爷，还有养爷处，咱们下洋（往南走）去吉林那边，溜中央去！”孙大德气呼呼地说。“这块真没路，咱们再溜！”杨子荣顺着他说。

他俩你一言我一语地在棚子外边谈了半个多小时，故意说他们怎样被共军打散，没办法才找到这，久闻“坐山雕”的大名，想入伙，可是找不到，只好往吉林那边去投奔国军等等。这些都是说给工棚子里的那个人听的，以此来打动他。

忽然，工棚子门开了，那个坐着抽烟的人走了出来，他对杨子荣说：“外面太冷，你们进屋暖和暖和吧。”

杨子荣一看有门，他们的谈话起了作用，就说声：“谢谢！”和孙大德等五人走进屋去。杨子荣坐在炕边上，其他人蹲在炉子旁边烤火。

杨子荣坐下后，发现那个人多次用眼睛看他脚上穿的部队发的大头鞋，他知道这个家伙怀疑他的身份，就顺嘴编了一套嗑，说在东宁八里沟那次，他们如何伏击共军（二团确实在那里被王枝林匪部伏击过），一边说一边把脚跷起来，说这双鞋就是当时从共军的尸体上扒下来的等等，讲得有声有色。这一生动具体的“故事”，打消了这个家伙的一些疑虑。这时他才有点“靠近”地说：“兄弟我姓孟，是这里的把头，我送你们去个地方吧！”说完，他找出一个洋铁桶，把一些苞米面和盐装在里面，又拿了一把斧子，一把锯和一把小铁锹，交给孙大德几个人背着，然后说声：“走！”就出门领路往前走去。

走了二十来里路，到了林中一个空木棚子，孟把头领他们进去。棚子中间有个大煤油桶做的炉子，可以生火取暖，地上铺着厚厚的草，看样子已很久没人住了。孟把头在墙角的乱草里翻出一只小铁锅、一只搪瓷盆和几个粗瓷大碗。然后对杨子荣说：“这里最僻静，没有人来，你们就在这里避避风吧！”

杨子荣连说：“谢谢！”孟把头没再说什么，转身出了棚子。

“抢”食物诱匪信任　巧周旋真假难分

杨子荣送他走出了棚子，见他走远，才回到棚子里，对大家说：“总算找到个住处，大伙好好歇歇吧，快点找木头生火！”大家从棚子外找到些干圆木，锯的锯，劈的劈，一会儿就把炉子烧起来，大家冰冷的身子才感到有些暖意。

杨子荣他们决定等孟把头再来，可是一直等了两天两夜，姓孟的也没来，他们带的冷饭团和那点苞米面也都吃光了。侦察员们等得不耐烦了，向杨子荣提出意见，要求回团部取粮食。杨子荣一再说服大家，要耐心坚持，孟把头一定会来，他不会把咱们扔在这里不管，否则就不会送咱们到这里。这几天他准是与土匪联系，也是对咱们进行考验。

这样又等了一天一夜，孟把头还没来。没有吃的，大家肚子饿得咕咕叫，实在饿得挺不住，魏成友想出个办法，他从烧火的木柈子里，抠出一条肥乎乎的大虫子，用根小棍戳着，放到火上烧。不一会儿，就散发出烤肉的焦煳香味。开始其他人都不敢吃，小魏就做“示范”，一边放在嘴里嚼着，一边吧嗒着说：“好香！好香！”大家被他引得直流口水，再也不管别的了，也都要了放进嘴里嚼起来，果然很香。于是就动手抠起虫子来，可惜太少了，还是顶不了饿。

大家都认为孟把头不会来了，可杨子荣仍坚持说："这是土匪对咱们的考验，没有耐心就找不到土匪，咱们不走，他们就得来管咱们。"大家听了只得忍耐着。

再说远在七八十里外的海林镇二团团部，首长们正焦急万分，杨子荣等六人已离开五六天了，一点音信也没有，是打进土匪窝里去了，还是被"坐山雕"给吃掉了，总该有个信啊！他们很了解自己的部下，凭杨子荣他们几个人，是不会轻易被吃掉的，就是万一被土匪识破打起来，也会有枪声，附近群众会听到，也会有人来报信。团首长原想继续派人去侦察或派大部队去搜索，又怕打草惊蛇，破坏了杨子荣的计划。若不再派人又放心不下，于是决定让七连派一个班跟团供给处大车进北边山里去拉木头，以便接应杨子荣他们；再派一个排到北边山边子一带活动，说不定杨子荣他们会派人出来找部队，便于联系。

回头再说杨子荣他们，又等了半天，果然不出杨子荣的所料，孟把头终于来了。杨子荣把他让进棚子里，和他唠起来，问他做木材生意赚不赚钱，生活过得怎么样。接着有些埋怨地说："你把我们扔在这也不来看看，这几天没吃的，我们快饿昏了！"

孟把头却说："你们怎么不出去'赶'（即抢）点吃的！"杨子荣回答说："人家的地盘，我们哪敢随便动手！"

孟把头说："不要紧，我领你们去夹皮沟赶点给养吧！"

孙大德一听心里"咯噔"一下，夹皮沟是他们常去的地方，群众都认识他们，那怎么行。于是他说："那屯子里的人家穷不穷？能赶到吃的吗？”

孟把头从孙大德的表情和口气看出他不怎么愿意，就继续试探他们敢不敢去，便对杨子荣说：“夹皮沟老刘家有粮有鸡。”

杨子荣明白孙大德的心思，也看透了孟把头的诡计，他还在考验他们是不是真土匪。为了使孟把头相信他们，就对孙大德说：“好，那里有粮咱们就去走一遭！”

杨子荣也考虑到怕被夹皮沟群众认出来，于是又对孙大德说：“几天没洗脸了，你弄点水洗洗！”

孙大德没理解杨子荣的用意，端着搪瓷盆出去，挖回来一盆雪，放到炉火上烤化。杨子荣乘孟把头没注意，抓了一把黑灰放在水里，以便把脸弄得黑些，群众好认不出来。他把盆端到地上洗了几把，大家也都过来撩着水洗了洗。轮到魏成友，他一看盆里的水黑乎乎的，就说：“这水怎么这么黑？不洗了！”这句话又引起了孟把头的疑心，他瞪眼看着魏成友。

杨子荣机智地走到盆子跟前，故意看了看，对孙大德骂道：“你他妈干嘛吃的，弄点水都不会，这水全是黑的，你这小子真没用。我这脸本来就黑，不洗倒好，这一洗倒真成了包公了！”说着用袖子往脸上抹了几下，嘴里直“呸！呸！”好像要把脸上的黑抹下去。接着又骂魏成友：“你也真他妈穷挑拣，嫌黑就别洗啦，走！”他一边骂着，一边抬起脚把盆子踢翻了。这一切孟把头都看在眼里，没说什么。

下半夜，杨子荣他们跟着孟把头到了夹皮沟屯。群众怕土匪来抢，把粮食都藏起来了，他们进了几家，群众对这几个人觉得面熟，可是谁也不敢出声。他们没找到粮食，只从灶屋里拿了一些黏豆包，一边骂骂咧咧的，一边塞进嘴里大嚼，装得很像土匪的模样。

最后到了姓刘的家里，果然有吃的，他们从一只破箱子里翻出半袋子荞麦面。杨子荣分析这家很可能是土匪的坐探，孟把头故意领到他家来，所以他们也就不“客气”了，当时姓刘的女人上来抢面袋子，被孙立珍给推倒了，那女人撒泼大哭。他们又从鸡窝里抓出两只小鸡，小鸡“嘎嘎”直叫，赵宪功把鸡脖子用劲一拧，小鸡就没声了。

天亮时他们回到了木棚子，大家七手八脚，有的和面，有的煺鸡毛，摘肠子。他们把荞麦面烙成饼，又炖了一只小鸡，还没等太熟，六个人就挤到一起，装作饿极了，你争我夺地抢着吃。

直到这时，孟把头才相信他们是“自己人”，于是对杨子荣说：“兄弟我叫孟继成，是张三爷的联络副官，弟兄们如果诚心入伙，我愿意给‘挑门帘’（即引荐之意）！”

杨子荣表示很高兴，向他道谢。孟把头又说山里会来人和他们面谈，说完他就走了。由于杨子荣的耐心和坚持，果然把“坐山雕”匪部引了出来，同志们都非常兴奋，更加充满信心。

第二天，果然从山里下来两个家伙，一个自称姓刘，是联络部长，另一个也姓刘，是连长。他们用土匪黑话盘问好一阵，杨子荣回答得很流利，说他们是东宁吴三虎匪部，他是吴三虎的亲信副官，他们遭到共军袭击，吴三虎被打死，队伍被打散，他们几个走投无路，特来投奔“三爷”，如不能被收容，他们就去吉林那边投奔国民党军队，弄个一官半职。

这两个人听完就走了，答应明天再来。可是第二天，却没有来，同志们都埋怨杨子荣，好不容易见到了土匪，把这两个“舌头”抓回去，就完成了任务，他们再不来了怎么办？

杨子荣很有信心，他知道土匪肯定会来，现在已经发现“坐山雕”的人了，不搞个水落石出，岂不前功尽弃？他的目标不简单是抓“舌头”，而是要直接抓到“坐山雕”，彻底完成任务。如果现在抓了他们，就会打草惊蛇，再也找不到“坐山雕”了。他一再说服大家，还要耐心等待。

又过了两天，姓刘的两个家伙果真来了，他们说“坐山雕”要和杨子荣拜把兄弟，请他们上山过元宵节。他俩现在就去牡丹江买酒肉，置办过节的东西，到时候再来接他们进山。

海林夹皮沟屯

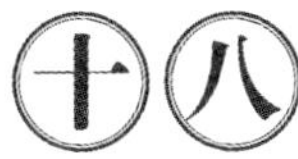

派小魏回团送信　逼匪徒引路上山

两个土匪走后，杨子荣和战友们研究，他们已经出来七八天了，团首长不知道他们的情况，一定很着急。现在已发现“坐山雕”匪部，得派个人回去报告，请示下一步行动。孙大德首先要求回去送信，他腿长，走得快。但十七岁的魏成友也抢着说：“还是我回去吧，我是当地（山市镇）人，熟悉这一带情况，万一被土匪发现也不怕，就说不愿干了回家去。”杨子荣同意了魏成友的请求，他人小，不惹人注意。

2月4日（农历正月十四）下午，杨子荣和孙大德送小魏到夹皮沟，这里距海林镇有六七十里，用两条腿走回去，天亮时再赶回来是根本不可能的，只好向群众借马骑了。这时已经天黑，他们三人走到屯子东头，见一家的院里有一匹白马，便敲门叫出主人，向他借马。说软话马主人不借，孙大德就威胁说：“我看你别敬酒不吃吃罚酒！”马主人害怕了，不敢再吱声。杨子荣说：“俺们用完，明天早上就还你！”

他们牵着马走出村外，杨子荣低声叮嘱小魏：“天亮前你必须赶回来，不然少一个人会引起土匪怀疑。”

“是！”小魏答应一声，飞身上马，孙大德朝马屁股上狠击一掌，白马就撒开四蹄奔跑起来。

白马像飞似的跑着，小魏还是感到太慢，恨不得一下子就飞到团部，他不住地打着马，脚也冻僵了。当跑到“一部落”（伪满搞的“集团部落”）时，突然马的前蹄像绊了什么似的，向前一倾，重重地跌倒在地上，小魏也被摔出去很远，在雪地上折着跟头。还没等他爬起来，已有两个人把他按住，两臂被死死地扭到背后，无论他怎么挣拼反抗也动弹不得。他被带到一间小屋里，在昏暗的灯光下，他才认出把他当土匪审问的人竟是二团三营七连副连长，他气得呜呜哭了起来。

原来截住小魏的正是团部派出来探听杨子荣他们消息的那个排，由副连长带领在这一带活动好几天了。小魏向他说明情况，叫他们赶快撤回去，以免引起土匪疑心，影响杨子荣打入匪穴的计划。说完，小魏又骑上那匹马，一直跑回团部。

当时已是半夜十一点多钟，团首长都睡了，小魏只见到起来查岗的团部作战参谋陈庆。陈参谋告诉小魏不要惊动首长，他们这些天都快急死了，已经连续几天睡不着觉，太疲劳了，就让小魏把情况讲给他，他明天再向首长报告。他把小魏领到自己的宿舍，把他爱人叫起来给小魏做饭。

小魏把他们离开海林后，如何见到土匪和他们准备进入“坐山雕”老巢探听虚实的情况，一五一十地向陈参谋讲了一遍。

这时陈参谋爱人已做好热气腾腾的荷包蛋，端上来，还有热馒头和肉丝炒咸菜。小魏确实饿极了，狼吞虎咽地吃起来，噎得他直翻白眼，陈庆夫妻都心疼地说：“你们可受苦了，别着急，慢慢吃。”

陈庆一边看着小魏吃饭，一边告诉他下一步行动计划：“你转告杨排长，在正月二十日前能抓回来‘舌头’也行，或画张地形图回来。如果到二十日没回来，那就是你们进去了，团里立即派队伍去支援你们！”

“是！知道了。”小魏点头说。

陈庆又把最近三天支援队伍的口令拟定出来，是“风调——雨顺；五谷——丰登；人财——两旺”。告诉小魏一定要记住，千万转告杨子荣，以便到时候里应外合。

小魏吃完饭，陈庆又给他装了两背兜馒头、熟肉块和咸菜。这时已是下半夜一点钟了，他接过东西，背在背上，又飞马跑回夹皮沟屯。杨子荣他们还在那里等着，把马还给那家后，小魏向杨子荣报告了团部的指示，他们在天亮时赶回了木棚子。大家已两天没吃东西了，把小魏带回来的干粮饱餐了一顿。

正月十五日下午，土匪刘副官、刘连长又来了，说过节的酒肉已筹办好，明天来接他们上山。又扯了些闲话，两个家伙就走了。

杨子荣和战友们研究对策。“坐山雕”这个老匪果真狡猾，经过这么多日子的“考验”，他还是疑虑重重，迟迟不让他们进山。现在突然说让他们进山，不知是否还有变故。回去请求派部队来支援也来不及了，而且还不知道匪穴地点。如果明天不跟他们进山，必定引起土匪怀疑，失去重要战机。如果只他们六个人进去，不知匪窝里的底细，究竟有多少匪徒，能否应付得了，确实太危险。怎么办？大家对这个难题都苦苦思索着。杨子荣沉思一阵后，果断地下定决心，对大家说："夜长梦多，再拖下去可能又有变化，不能再等了，就咱们六个人，冒死闯它龙潭虎穴！现在是对咱们最大的考验，我们一定要敢打敢拼，不怕牺牲，为人民而死是最大的光荣！"

战友们听了，都表示坚决战斗到底，决不退缩。

杨子荣又说："我们并不愿意牺牲，主要是为了消灭敌人。由于搞不清敌人情况，咱们不能暴露身份，继续装土匪，骗取敌人信任，而且要争取主动。我的想法是，明天土匪再来，就先把他们绑上，叫他们领咱们进山，相机行事。如果被敌人识破，就进行强攻，大家要各自为战，不能被土匪全吃掉，谁活着谁就回团部送信！"

战友们听完都同意他的作战计划，他们对一些可能碰到的问题，又进行了认真细致地研究，每个人都做好了充分准备。

第二天，2月6日（正月十六）下午，还是姓刘的两个土匪来了，他们奉"坐山雕"的命令，来请胡副官兄弟六人上山入伙，有官同做，有福同享。

杨子荣他们把留着的那只小鸡煮上，"招待"两个土匪，他们很高兴。杨子荣看时机已到，说他要出去解手，两个土匪没有在意。他到外边把棚子周围看了一遍，确认没有其他土匪，就回到棚子里，大声说："天这么冷，还不加柴火！"

这是事先约定的暗号，五名侦察员立即扑上去，下了两个土匪的枪，又把他们结结实实地绑上。两个家伙不知是怎么回事，吓得直喊："别这样，都是自己人！"

杨子荣生气地骂道："你们他妈的别竟说好听的，你们根本没把我们当作自己人，你们两个小子也太不讲交情了，弟兄们等了这么多天，都要饿死了，也不领着上山，你们安的是什么心？”

刘副官赶忙辩解说：“这是三爷的意思，是考验你们是不是‘共军’？”

“放你娘的狗屁，这叫什么考验，纯粹是刁难，是想把我们饿死，我还怀疑你们两个小子，是不是把三爷给我们的给养独吞了，快说，是不是？”

“没有，没有，我们不敢，确实是三爷要考验你们是不是真的‘自己人’！”两个家伙哆嗦着说。

“你们两个小子的话我信不着，我要亲自面见三爷问明白，不是你们的错，我们赔礼。快走，领我们去见三爷！”杨子荣厉声说。

“对！你们也太他妈不够意思！”孙大德五个人挥舞着手枪大骂着。

姓刘的两个小子最明白，他们这些人都是杀人不眨眼的，火起来就会把他们“崩”了，所以连连答应：“行！行！走吧！”

他俩走出窝棚，杨子荣六人跟在后边，向深山里走去。

十九

凭智勇踏破匪穴 “坐山雕”束手被擒

天黑了，山里的雪越走越深，根本没有道，就是拉荒走，要不是有这两个家伙领着，根本找不着。

为了减轻走路疲劳和紧张气氛，杨子荣不住地讲些天上地下、山南海北、神仙鬼怪、男女偷情、争风吃醋等民间传闻和趣事。他讲得活灵活现，谈笑风生，逗得大家不断哈哈大笑。连两个土匪也忘了自己被捆绑着的难受滋味，也跟着嘿嘿直乐，他们从心里更相信杨子荣他们是“自己人”了，急着表白和捧着说：“胡老弟，能说会道，真是文武双全，三爷管保喜欢！”

就这样，他们借着雪光，走了二十多里路，到了大砬子山里。山口处设有土匪的第一道卡子房，小窝棚里有一个岗哨。匪哨听见踏雪声，走出来喝问：“什么人？”

刘匪连长赶忙回答：“自己人！”

孙大德等走过去，用枪逼着把岗哨的枪缴了，把他也绑起来。岗哨“唉、唉”半天不敢吱声，见到刘连长二人也被绑着，弄不清是怎么回事。孙大德把匪兵枪栓卸下来揣在兜里，让俘虏背着空枪。

“跟着走吧，一会就没事了！”刘连长对匪兵说。

他们又往前走，越往山里去道越不好走，山崖上只有土匪踩的一行脚印，这条小道有二里来地，前边现出一个马架子房，门前有一个持枪的岗哨，见上来人就大声地问：“什么人？”

“自己人！”还是刘连长答话。

侦察员又轻易地把这个岗哨的枪下了，照样绑起来。杨子荣推开门看看，里边有十来个人在睡觉，一股闷热的臭气冲出来直呛鼻子。

刘连长过来解释说：“这些都是干活的弟兄，锯箩圈板的，没有枪。”

“为什么不发给他们枪？”杨子荣疑惑地问。

“这就是三爷的高招，为了让外人不知道虚实，也容易和老百姓来往！”刘连长显示地说。

为了捉拿匪首“坐山雕”，俘虏太多不好对付，所以杨子荣没叫这些人起来，仍让他们睡觉。

又往前走了二里多地，前边出现个小房，站着两个岗哨，这是第三道卡子。杨子荣经过这一道道卡子，越发感到“坐山雕”这个老匪的奸猾，不知道前边还有什么障碍，到老匪的巢穴也不知还有多远。于是佯装发火，对刘匪叫喊：“怎么尽绕圈子，走了这么远还不到，是不是不想叫我们见三爷？”

“不是，不是，让见，因为这条路最秘密，很不好走，前边不远就到了。”刘匪赶忙解释说。他又和岗哨打了招呼，侦察员们上去，照样把两个哨兵的枪下了，又绑了起来。

杨子荣愤愤地说：“张三爷太不够意思了，对我们太苛刻了！”

又走了一阵，刘匪说：“到了！”大家这才看见，前边不远处闪着微弱的灯光。

“坐山雕”的老窝终于找到了，马上就要与匪首们决战，侦察员们都紧张起来，心“怦怦”直跳。杨子荣说了一句事先约定的暗语：“到地方了，歇歇脚吧！”侦察员立即动手，用毛巾和撕下的俘虏衣襟，把六个土匪的嘴死死地塞住，又把他们牢牢地绑在树上。杨子荣叫孙立珍、赵宪功、耿宝林三个看押被俘的土匪，他带着孙大德和魏成友，端着匣枪悄悄向灯光处摸去。走有二百多米，才看见一座埋在雪里的大马架房子，门朝南，门前没有岗哨，灯光就是从房子的窗户透出来的。

他们摸到房子跟前，杨子荣一脚把门踢开，枪口对准地炕上的土匪，喊了声：“别动！”孙大德和魏成友也紧跟着冲进屋，一个站在西南角，一个站在东南角，三支匣枪张着机头，同时对准土匪。

屋里点着一盏马灯，还有松明子，挺亮。杨子荣看见躺在炕上的一共有七个土匪，炕头上是一个瘦小的老头，有七十多岁，黑脸膛，白头发，鹰钩鼻子，下巴上一撮白山羊胡子，两只深陷的小眼睛闪着凶光，此人正是老匪首“坐山雕”——张乐山。

“坐山雕”看有生人闯进屋，迅即伸手去枕头底下摸枪，杨子荣一步跨过去，踩住老匪的手，把枪抽了出来，扔到一边。

“起来，穿上衣服！”杨子荣厉声命令。

由于土匪人多，不好对付，杨子荣决定还是继续装土匪，于是故作愤怒地斥责“坐山雕”：“你张三爷太不够朋友了，不论怎么说咱们都是打的蒋委员长旗号，我们听说你的大名才来投奔，你却这样不讲义气，折腾我们等了八九天，好险没饿死。……”

“坐山雕”一听，原来是刘副官联络要入伙的那股人，这才放了心，干笑了两声说：“这是误会，自己人好说，现在‘八路’追得紧，是为了考验你们是不是‘八路’。”

“什么误会，我们本想和你们合伙，你太不够朋友，这么些天不给见面。你怀疑我们是‘八路’装的，我看你们才真是‘八路’，这么多天，你们就是在设圈套，让我们去钻！”杨子荣继续斥责说。

“误会，误会！有话好商量。”“坐山雕”理亏地说。

“算了吧，既然你信不过我们，我们就不留在这里，去吉林了，请‘三爷’借条道给我们。这一带都是你的人，请‘三爷’给我们带带路，送我们一程。我们马上走，出了你们的地面，就让你们回来。你们的枪我们不要，我们插在黑石砬子的一挺机枪和十几支步枪也都送给你们了。过了铁道我们自己的枪也没用了，都留给你们！”杨子荣气愤而大度地说。

“既然弟兄们执意不留，那就恭敬不如从命，就照老弟说的办，我派人送你们！”“坐山雕”苦笑着说。

“那不行，你怀疑我们，我还怀疑你呢，不能让你们一面派人带路，一面去报告八路军抓我们，你们都得送！”杨子荣越说越理直气壮，而“坐山雕”也觉得理亏，似信非信，只好答应："那好，就都去送！"

"那就对不起了，还得委屈委屈你们，别路上跑了给'八路'送信去！我们岂不自找死路！"杨子荣晃动着枪口说。

"就依你说的办吧！""坐山雕"面对着黑洞洞的枪口，强压怒火，无可奈何，只得点头答应。

杨子荣叫土匪们转过身面对墙站着，让孙大德和魏成友用土匪们的绑腿和靰鞡带子，把七个土匪的双手牢牢地捆绑上。

杨子荣三人从进屋到结束，仅一个多小时，就干净利落地将这个老奸巨猾的大匪首及其"八大金刚"中的六个（另两个姓刘的早已抓到手）全部活捉。

一切收拾停当，杨子荣下令出发，把土匪带出屋子，和孙立珍等三人会合，将十三个土匪分开牵着。杨子荣亲自牵着"坐山雕"和两个姓刘的匪首走在前面，孙大德和魏成友各牵两个跟着，孙立珍、赵宪功和耿宝林各牵两个走在最后。这一行奇怪的队伍，由"坐山雕"领路，一直向南走去。

"坐山雕"这个老匪，虽然年岁大，可走起山路来却非常轻快，后边的人需小跑才能跟上。

爬过一座山，天蒙蒙亮了，树林子也稀疏起来，"坐山雕"停住说："再往前走就是海林了，那里有八路的团部，我们往西走，奔横道河子吧！"

"还是往南走，道近，你们怕八路，我们不怕，到山边子就让你们回去。"杨子荣知道快出山了，就坚持说。

"坐山雕"无法，只好又往前走。到了山下，天已经大亮，远远地看见二团团部供给处派来这里拉木头的两辆大车。

“坐山雕”说：“可不能再走了，那八成是八路的大车，快躲开！”

杨子荣笑着说：“怕什么，那正好，卸他几匹马，骑上走更快些。”

匪刘连长一听不妙，猛地挣脱杨子荣手里牵着的绳子，转身就跑。杨子荣扣动匣枪扳机，一枪打中他的小腿，倒在地上。孙大德等也大喊：“不许动！”

保护大车的一个班战士，是来这里接应的，听见枪声也打起枪来，并往这边运动。他们高声喊：“什么人？口令！”

魏成友大声回答：“人财！回令？”

“两旺！”下边战士对上口令，迅速跑过来。

“坐山雕”见杨子荣和来的八路对上口令，大吃一惊，结结巴巴地问：“你，你们，是……”

杨子荣听了不禁哈哈大笑起来，这时他才公开身份，风趣地说：“实不相瞒你老，真对不起张三爷、张司令，俺们哪是什么吴三虎的人，吾乃真正的共军侦察员是也！你老落网了！”

“坐山雕”听了，腿肚子发软，一下子瘫坐在地上，哀叹说：“咳！真晦气，张大帅没整了我，少帅和日本子也没对付了我，这次却被你们几个土八路小子给逗了，真是打了一辈子鹰，最后还叫鹰鸽（qiān）了眼，真窝火……”

侦察员们听了，都开心地笑起来。

杨子荣他们把十三个土匪绑绳又挨个检查一遍，牢牢地绑结实。让战士们把车上的木头卸下来，把土匪们分开，由侦察员们押着，坐在两辆大车上。又叫押车班长卸下一匹马，让魏成友骑上马先跑回团部去报信。小魏飞身上马，顺着大车道，向海林镇奔去。

由于几天没睡好觉，一坐上车，侦察员们就打起瞌睡来，土匪们看见直挣绳子，想跳车逃跑。赶车老板子发现了，就大声喊着："别睡觉，小心有人跳车！"并不时地甩着响鞭，以惊醒大家和吓住土匪。只有杨子荣一直很警惕，始终睁着眼睛，握着枪监视俘虏。

2月7日（农历正月十七日）傍晚，杨子荣和战友们胜利地把"坐山雕"等十三名土匪押回海林。

1947年2月7日杨子荣智擒老匪"坐山雕"（张乐山）的地方。此地原无名，现命名"威虎山"，此马架窝棚是后来修复的

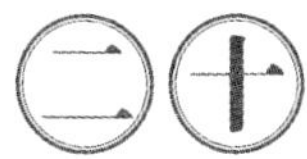

庆胜利公审匪首　六英雄共立大功

再说小魏飞马跑回团部，跳下马，兴奋得连“报告”都忘喊了，就闯进团首长的屋子，上气不接下气地说：“首长，抓……抓住了！”

“抓住谁了？”王团长急问。

小魏涨红着脸，张着嘴大口大口地喘气，

“别急，先喝口水，慢慢说。”王政委把搪瓷缸递给小魏。

小魏喝了水，才平静下来说：“抓住‘坐山雕’了！”

“真的？太好了，在哪儿？”王团长和政委惊喜万分，齐声问。

“他们坐供给处的大车，还在路上呢，杨排长派我先回来报信。”小魏回答。

“抓了多少？”团长又追着问。

“连窝端，一共十三个！”小魏兴奋地说。

“好样的，这几天可把我们急坏了，快坐下，说说是怎么抓的？”王团长高兴得嗨嗨直笑。

魏成友坐在板凳上，连说带比画地讲了一遍，团首长们都跷着大拇指说：“真行！了不起！”

“赶快向军区报告！”王团长说着就摇起电话。

牡丹江军区司令部接到报告后，首长们也非常高兴，副司令员田松立即骑马赶来海林祝贺。

杨子荣活捉大匪首“坐山雕”的消息传开后，整个海林镇都欢腾起来，数百名群众自动拥到路口，夹道欢迎。农会主席贾润福组织一些人，敲锣打鼓助兴。

太阳偏夕时，两辆大车驶过来，车老板“啪！啪！啪！”连甩着响鞭，拉车的马也扬起头欢跑着。迎接的人群跳跃着，欢呼着，“咚咚锵锵”的锣鼓声，更加强了热烈的气氛。

田副司令员、二团首长和新海（即今海林）县委、县人民政府的领导急步迎上前去。坐在车上的杨子荣看见首长上前迎接，群众围住镇口，立即叫停车，命令土匪下来，领着侦察员们排成一行，威武地押着土匪往镇里走。

杨子荣跑步到田松副司令员面前，敬礼后响亮地报告：“二团侦察排，活捉匪首‘坐山雕’张乐山及以下十三人，现已押到！”

“好！同志们辛苦了！”田副司令员紧紧地握住杨子荣的手说：“我代表军区党委、军区首长向你们表示热烈的祝贺！”接着又和侦察员们一一握手。

田副司令员看了看这“匪名赫赫”却是个干瘦老头的“坐山雕”，讥讽地说：“张司令，听说你败在我们几个土八路娃娃手里，还有些不服气？我看你还是认输了吧，别说你一个小小的老山雕，就是谢文东、李华堂那些所谓的大‘大老虎’和上百万的日本侵略军、全部美式装备的蒋家军，照样被我们打个稀巴烂，因为我们有共产党、毛主席的正确领导，有千千万万人民群众的支援，胜利永远属于我们！”

“坐山雕”听了颓伤地低下头，他对这位同样也是“二支队”的比他更威名赫赫的“共军”司令，不敢仰视。

刘克文县长也紧紧握住杨子荣的手说：“我代表全县人民感谢你们！”

王团长和王政委、曲副政委走过来，拉着杨子荣的手乐得直笑。群众围住“坐山雕”，大骂着：“你这个老不死的，祸害了多少人！”

“打这个狗日的！”

“打这个老王八蛋！”

人群愤怒了，举着拳头呼喊着，无数的雪团朝“坐山雕”和那些匪徒的头上、身上打去，吓得匪徒们藏头缩脑、东扭西躲，丑态百出。

经过审讯，活捉的十三个土匪中，除“坐山雕”张乐山外，还有联络部长刘兆成、秘书官李义堂和连长刘忠汉（外号刘扒皮）等。山中余下的十二名土匪，团部立即派队伍进去全部活捉，先后共捉到二十五名，并缴获了一些粮食和枪支弹药，烧毁了所有的匪窝棚。从此，“坐山雕”股匪便被彻底消灭。二团还派人去夹皮沟屯，向被“抢”吃的和借马的群众做了解释道歉，并赔了钱。

2月11日，在海林镇小学操场上，召开了隆重的庆祝活捉“坐山雕”和公审匪首大会，全海林镇和附近村屯的群众上千人赶来参加。人们高举着拳头，愤怒地呼喊：

“打倒‘坐山雕’！”

“肃清土匪！”

“坐山雕”等匪首被押上了审判台，接受人民的审判。公审完毕，人民政府判处外号刘扒皮的匪连长刘忠汉、刘兆成等六名死刑，立即枪决，人民拍手称快。其余匪徒判刑关押。

二团将“坐山雕”押送牡丹江军区，继续接受审讯。由军区政治部保卫科组织审讯，查清土匪残余潜伏人员（事后全部破获）和核实“坐山雕”的罪恶事实。保卫科科长黄夷（“文革”后任国家农牧渔业部政策研究室主任）在审问他时，“坐山雕”哀叹说：“我败在你们的土改上，从那以后，穷棒子和你们一条心，我山下的哨子一个个完了，我成了瞎子、聋子。”

由于他祸害老百姓罪恶太大，当审讯人员指出他要向人民低头认罪，听从人民政府的裁决时，他对“人民”二字非常害怕，连声说：“我有罪，我认罪！可千万别把我交给屯里人（指他们烧杀过的村庄），那样我连个囫囵尸首也落不下呀！”

“坐山雕”罪恶累累，民愤极大，绥宁省委和军区决定由各地派代表，在牡丹江市召开万人公审大会，控诉之后，处以极刑。在上报请示东北军区等待审批关押期间，同样对他进行教育改造，使这个十恶不赦的罪犯，也不得不承认说：“你们和过去的军队是不大一样！”他在看到我军干部战士参加劳动生产和组织其他犯人搞生产时，也要求参加。开始扫院子，后来参加编筐篓。他得肺炎后，也给他吃药治疗。对此，他受到教化，曾对看守所长说："所长，我大约不行了，你告诉科长，我的罪恶实在大啊！还给我请医生看病，我有愧啊！"由此证明我党我军改造罪犯政策的威力。几天后，在请示尚未批回来，他的肺炎加重，经军区医院派医生抢救无效，死于监狱中。当年老匪七十二岁，结束了他漫长、罪恶深重的一生。

"坐山雕"落网后的第十二天，1947年2月19日，《东北日报》以"战斗模范杨子荣等活捉匪首坐山雕"为题，报道了牡丹江军区政治部写的综合战报："牡丹江军分区某团战斗模范杨子荣等六同志，本月二日奉命赴蛤蟆塘一带便装侦察匪情，不辞劳苦，以机智巧妙方法，日夜搜索侦察，当布置周密后，遂于二月七日，勇敢深入匪巢，一举将蒋记东北第二纵队第二支队司令'坐山雕'张乐山（及）以下二十五名全部活捉，创造以少胜多歼灭股匪的战斗范例。战斗中摧毁敌匪窝棚，并缴获步枪六支，子弹六百四十发，粮食千余斤。"东北军区的《前进报》也做了报道。

接着，二团召开庆功大会，王政委代表团党委宣布：给杨子荣同志记三大功，孙大德和魏成友各记一大功，孙立珍、赵宪功、耿宝林各记两小功。团首长和县委主要领导给功臣们戴上光荣花，会场上立刻响起暴风雨般的掌声和"向功臣们学习"的口号声，还给功臣们拍了合影，现今广为流传的杨子荣照片即是从这张珍贵的合影中翻印出来的。

当大家鼓掌要求杨子荣讲话和介绍经验时，他却红着脸走到台前，笑着说："同志们，我说心里话，小经验还没有总结出来，大经验嘛，只有一条，就是为人民的利益生死不怕，对付敌人就一定神通广大！”

会场上报以更加热烈的掌声。

军区给功臣们发了慰问品，二团还买了些酒肉，指战员们同摆庆功宴，共饮胜利酒。

（二）建立工作學習制

（五）停止使用電爐子

戰鬪模範楊子榮等

活捉匪首坐山鵰

摧毀匪巢賊匪全部落網

以少勝多創造範例

【本報訊】牡丹江分區某團戰鬪模範楊子榮等六同志，本月二日奉命赴蛤蟆塘一帶便裝偵察匪情，不辭勞苦，以機智巧妙方法，日夜搜索偵察，當佈置周密後，遂於二月七日，勇敢深入匪巢，一舉將蔣記東北第二縱隊第二支隊司令「坐山鵰」張樂山以下二十五名全部活捉，創造以少勝多殲滅股匪的戰鬪範例。戰鬪中摧毀敵匪窩棚，並繳獲步槍六支。子彈六百四十發，糧食千餘斤。

1947年2月19日《东北日报》登载的《战斗模范杨子荣等活捉匪首坐山雕》报道

梨树沟残匪藏身　小分队奋勇追剿

杨子荣活捉“坐山雕”后不久，2月20日，二团接到军区司令部的命令，据海林县北部一百多里的梨树沟屯群众反映，附近山里又有土匪活动，可能是多次被我军搜剿的李德林股匪残部，要二团派部队立即进山剿灭。

李德林原是海林北部头道河子的伪山林把头，破落地主，日本投降后，他纠集起五百多人的土匪队伍，被国民党挺进军上将总司令李华堂委任为“东北挺进军滨绥图佳保安第三旅”少将旅长。旅部设在二道河子街里，曾占据伪满洲国的火力发电厂、火锯加工厂和森林小火车，独霸一方，与我民主政权对抗，疯狂杀害土改干部和无辜百姓，血债累累。经我二团、十四团的多次打击后，大部分被歼灭，只剩李德林及其三个儿子和少数匪部，继续流窜在梨树沟、黑牛背等地。其中有李德林手下的三个最凶恶的骨干分子：营长刘维章，副官、卫队长丁焕章（外号丁疤瘌眼），惯匪大盗、副连长郑三炮（真名郑迹险）。这次梨树沟出现的土匪，可能就是这几个家伙。

二团首长开会研究作战方案，考虑再用化装土匪捉“坐山雕”的办法，显然不合适，派大部队进山也很难找到匪窝。最后决定，由侦察班、机枪班组成三十余人的小分队，采取边侦察边战斗——“侦打结合”的办法歼灭残匪。曲波副政委认为悍匪郑三炮不易对付，要求亲自带领小分队进山，团党委同意他的意见。

当时考虑到杨子荣连续侦察战斗，特别是刚抓回“坐山雕”，非常疲劳，决定派别人去，让他好好休息几天。可是他听到消息后，立刻找团首长请求，派他带侦察班去。他讲了许多理由，诸如熟悉那一带地形、和老百姓认识、跟土匪多次打交道有一定经验等等。团首长被他磨得没办法，只好答应他去。牡丹江军区侦察科长罗江，得知杨子荣随小分队活动，为了学习他的侦察经验，特派褚光彩等两名侦察员到小分队来，参加侦察活动。

杨子荣仍挑选孙大德、魏成友、赵宪功、耿宝林、孙立珍五名侦察员和他一起先行，曲波副政委带小分队随后跟进。杨子荣他们还是身穿便衣，坐马爬犁往北走。黄昏时他们到了梨树沟，这里又名黑瞎子沟，梨树沟屯就在沟里，位于海林镇正北一百四十多里，交通闭塞，村民贫困，是土匪经常出没的地方。

杨子荣一行六人进了屯子，村民们不知他们是兵是匪，都出来看热闹。杨子荣低声告诉侦察员们先装土匪，以便于探听匪情。他们走进屯子中间，杨子荣猛然大喊一声：“屯长在哪？”屯长姓王，听见喊他赶紧走过来。他表面上顺从土匪为其办事，以保性命安全，暗地里拥护共产党，为八路办事。过去部队剿匪来过这里，他见过杨子荣。当他点头哈腰地走到喊他的“土匪”面前，一下子愣住了，这不是八路的杨排长吗？

他刚要说话，杨子荣急速递给他一个眼神，并喝道："快！马上给我们弟兄安排吃住，明天一早，老子们要去横道河子！"侦察员们听了心里明白，这是杨排长在声东击西，故意迷惑屯子里的土匪眼线，以防给土匪报信。于是也跟着大喊大嚷地威胁屯长："他妈的！还磨蹭什么，快点去！"王屯长会意，连忙说："是！是！马上安排！"说着领他们向东头的卢德全家走去。

卢家很穷，屋里点着松明子，五口人只有两条破被。卢家几口见进来几个骂骂咧咧的"胡子"（即土匪），都战战兢兢，赶紧把这六个人让到南炕，自家老小睡在北炕，又给做了点吃的。这些人没嫌吃的不好，还吃得挺香。吃完，就头朝炕里，和衣躺下睡觉。

卢家感到这几个人和过去来过的"胡子"不同，似乎明白了一些，于是赶紧把两条破被送到南炕，给几个人盖。可奇怪的是他们不用，那个领头的又给送回北炕。卢家这回明白了，他们不是"胡子"，就又把被送回南炕，而杨子荣又把被子送回去，来回推让好几次，最后还是盖在卢家人身上。卢家人过意不去，又把枕头扔给南炕，杨子荣他们又给扔回去，这样来回扔了几次。最后杨子荣到院子里，找了几块木桦子拿进屋，分给侦察员们当枕头。卢家人非常感动，几辈子都没遇见这样的好"兵"。

鸡叫时，杨子荣把侦察员们推醒，悄手悄脚地走出了卢家，睡在北炕的卢家五口，竟一点也不知道他们是什么时候走的。

杨子荣他们出了屯子，往沟里走去。越走雪越深，他们在雪地里几乎是爬行，不一会儿便累得筋疲力尽。天亮后，他们走了几十里地，突然发现在一棵大树杈上，放着半麻袋粮食，杨子荣肯定地说："匪窝离这不远，走，再找找！"

他们又往前走，过了一个小山包，在一个背风的石砬子下边，看见一个小窝棚，推门一看，里面有一个"打皮子"的老人。杨子荣笑着问："老人家，这里是什么地方？"

"闹枝子沟！"老人回答。

"老人家，我们是关里来的八路军，是来打胡子的，您老听说了吧？"杨子荣亲切地说。

"听说了，你们可真是好人哪！"老人看出他们不是"胡子"装的，就吧嗒着旱烟袋说，脸上浮现出难得的笑容。

"那您老可知道胡子藏在什么地方？"杨子荣也掏出小烟袋，一边和老人对火抽起来，一边和气地探问。

老人捋捋花白的胡子，想了想说："再往北走不多远，那里有个日本子盖的工棚子。鬼子垮台了，劳工们也都走没了，剩下个空棚子，胡子可能躲在那里。"

这时已到中午，他们啃了几口冻饭团，喝了点老人烧化的雪水，然后谢过老人，继续向北走去。走了有五六里地，果然在一小片空地上，看见一个大工棚子。杨子荣让侦察员们散开，端着枪猫腰向棚子摸去。工棚子里静悄悄的，杨子荣一脚踢开棚子门，里边空荡荡的，没有人。大家进里边查看，见地上有烧过的木柴灰，用手摸了摸还没有完全凉透，旁边还有扔着的野兔肠子，也没有冻硬。这些迹象表明，肯定有土匪在这里住过，而且离开的时间不长，顶多五六个小时。

但太阳已经偏西，山里特别的冷，冻得大家直哆嗦。大一黑，林子太密，看不清地上脚印走的方向，继续往前搜索，怕土匪回来遭到伏击。杨子荣决定先回到梨树沟屯，估计曲副政委带小分队也能到屯子了，汇报后再研究下步方案。为了留下认路的标记，杨子荣走不远就折断几根树枝，向工棚的方向耷拉着。

半夜时，杨子荣回到梨树沟屯，这时曲副政委也带小分队赶到这里。杨子荣向曲波做了汇报，又找来王屯长，问了他山里的情况。王屯长说，羊脸沟的孟二连（外号孟老三），于年前8月间，在闹枝子沟，和土匪孙立云押了个三米多长、两米多宽的马架棚子，住着打猎。他们分析土匪可能就住在孟老三的窝棚里。

事实也正是如此，事后从俘虏的土匪口中得知，李德林匪部被打散后，刘维章、丁疤瘌眼、郑三炮等匪徒，先躲进青沟子，但为玩弄女人争风吃醋，丁焕章被郑三炮打伤。后来他们溜到闹枝子沟孟老三的窝棚里，丁焕章给了孟老三一支七九步枪，拉他入伙，孟老三对当土匪不感兴趣，但有了快枪打猎，他很高兴。后来土匪程树林、牟成顺、马连德也相继来到这里，他们一共是七个人。这伙匪徒在这里安稳地住了一段，当他们听说羊脸沟、黑牛背一带住上了八路，预感到情况不妙，想再换一个藏身的地方。2月22日晚间，郑三炮对孟老三说："在你这里住的日子不少啦，没漏风声算是运气，明天一早你给我们准备好吃的，填饱了肚子我们就转移，到北大砬子，再压一处地窨。”

就在土匪决定向新的地方逃跑的下半夜，杨子荣领着小分队又赶到闹枝子沟里打皮子老人的窝棚，杨子荣让曲波带领队伍在老人这里先等着，他带孙大德、魏成友等五人向北搜索侦察。天蒙蒙亮时，他们又到了那个空工棚子，看看里边没有什么变化。

杨子荣从西面绕过去，发现西边有一趟脚印，初看像一个人走的，他蹲在地上仔细查看，却是几个人走的一个脚印，一直伸进林子里，而且走的时间也不太长。这是什么人走的脚印呢？会不会是打皮子老人踩的？杨子荣决定回去问一问。他们几个人又回到老人的窝棚，并向曲波报告了这一情况。

杨子荣问老人：“老人家，我们在你说的那个空棚子西边，看见一串脚印，是不是您老走的？”

老人吧嗒着烟袋，想了想，摇摇头说：“不是我的，我没往西边去过！”

杨子荣又问：“听说羊脸沟的孟老三在这沟里押了个马架子窝棚，在哪块？”

“就在工棚子西边十来里地。”老人不在意地回答。

这回完全明白了，土匪肯定是在孟老三的窝棚里。曲副政委对杨子荣说：“你们先走一步，我带队伍随后跟进！”

“是！孙大德、小魏、耿宝林，你们几个跟我走！”杨子荣说着已领先向北走去。

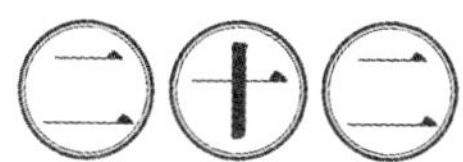

踏雪原冲锋在前　为人民英勇献身

杨子荣他们顺着脚印，在没膝深的大雪里急走了十五六里路，与后边跟进的队伍拉开了二三里地距离。

走着走着，那行脚印不见了，他们在周围搜索了一阵，也没有找到窝棚。

此时，正是1947年2月23日，天已大亮。杨子荣走到一棵大树下，甩掉大衣，攀着树丫，噌噌地爬上树去。他站到高处树杈上向四下张望，突然看到在北面四五百米的林子里，像是有一缕青烟夹着火星，时隐时现往上蹿。他仔细看了一阵，没错，肯定是烧火冒的烟，土匪的窝棚终于找到了。

他爬下树，对侦察员们说："找到了，就在北边，走！"

杨子荣在前，大家成一路往北走，走了四百多米，果然看见前边山窝里孟老三的马架子窝棚。当时土匪已吃饱了饭，正准备开拔呢。

杨子荣趴在地上观察了一下地形，窝棚门朝南，前边有一小片空地，要靠近不太容易。大家脚上的靰鞡鞋都冻得硬邦邦的，一踩雪便吱吱响。树枝也冻得发脆，轻轻一碰便发出响声，极易被土匪发现。杨子荣想了想，"哧"的一声将皮大衣里子撕下一块，毛朝外包住了脚上的靰鞡，又用绑腿缠住，然后向前爬去。孙大德、魏成友几个人也照杨子荣的做法，包好靰鞡，声音减少了许多。

他们前进到距离窝棚一百来米时，孙大德紧爬一阵，到了杨子荣身旁，低声说："排长，用枪'叫叫'吧，他们一露头，就干掉！"

杨子荣听了摇摇头说："不行，枪一响，土匪就可能冲出来跑掉，咱们还是摸到跟前，堵门抓活的。"

爬到距离窝棚二三十米时，杨子荣仍不开枪。这时，窝棚里的郑三炮凭多年的土匪经验，听见有脚溜子声，叫小崽子马连德出来看看，马连德端盆水出来倒了，又东张西望地看了一阵，然后走到窝棚旁边去小便。他解完手，又向周围看了看才慢腾腾走回窝棚，关上了门。

杨子荣看见出来的人回到屋里，立即向后边的侦察员一挥手，接着飞身跃起，向窝棚门猛冲过去。孙大德紧跟在后，魏成友刚跑两步靰鞡带子开了，他急忙弯下腰去绑。这时杨子荣已冲到窝棚门口，他靠在当作门框的大树干上，一脚踢开门，大声喊道："不许动，举起手来！"

屋里的土匪见门开了，以为是被风吹开的，杨子荣的喊声也未听见，待看清楚门旁站着一个端枪的人，登时乱成一团。孟老三刚端起碗要喝水，吓得手一颤，碗掉到了地上。

丁焕章拖着伤腿大喊："谁也不准跑，都给我打！"

土匪们急忙操起枪来。

杨子荣站在明处，门开得不大，屋里烟气蒙蒙，看不清里边，只听见拉枪栓的响声，他立即扣动匣枪的扳机，但却没有打响。原因是早晨在打皮子老人的窝棚里问情况，棚子里烧火，枪膛见热“缓霜”，出来时天太冷，撞针受冻卡住了（这是后来验枪才明白的）。孙大德端着苏式轮盘枪向屋里扫射，由于同样原因也没打响。

这时孟老三慌慌张张地冲门口开了一枪，这一枪正打在杨子荣的左胸，杨子荣晃了三晃，倒在门旁。孟老三开完枪，说了声：“我出去‘别’着！”就扔下枪，没命地冲出来，钻进树林子，向山下跑去。战士们向他打了几枪没打中，把他帽子打飞了，棉袄打开了花。当时来不及追他，也不知他是谁，他开枪也不知打没打着人。孟老三逃回了梨树沟屯，改名孟同春，一直隐藏了二十多年。直到“文化大革命”时，当地群众听到京剧《智取威虎山》，才怀疑他与土匪有瓜连，盲目地把他抓起来审问，他才供述了当年的情况，意外地搞清了这一历史疑案。孟老三后来死于狱中。

杨子荣倒下后，又咬着牙，用左手捂着胸部伤口，右手掏出手榴弹，但怎么也举不起来了，鲜血涌出了伤口，染红了他的军装，也染红了地上的白雪。

孙大德扑过去，抱住杨子荣的上身，往旁移了移，连声喊着：“排长！杨排长！”

杨子荣脸色煞白，睁眼看着孙大德，用手指着窝棚，声音微弱地说：“……大德……任务”，话没说完，就头一歪，停止了呼吸。

孙大德心如刀割，哭叫着：“杨排长，杨排长！”小魏冲上来，用匣枪猛烈射击，侦察员们也一齐向窝棚开火。

听见枪声，曲波带领小分队冲上来，一见杨子荣牺牲了，就红了眼，他流着泪大声地喊着："给我狠狠地打！"机枪对着窝棚猛扫，打得积雪纷飞。战士们一边射击，一边往里边扔手榴弹。屋里的土匪顽抗着，还击着，扔进屋里的手榴弹又被土匪们扔了出来。恶匪郑三炮使一支大镜面匣子枪，"哗哗"地向外边扫射，他一边打一边爬到门口想逃走，曲波的警卫员李恒玉站在一棵树后，一枪把郑三炮击毙，其他人也一齐向这个恶魔射击，只打得郑三炮的尸体连着蹦高，血肉横飞，大家心里仍不解恨。

激烈的战斗持续了二十多分钟，曲波命令魏成友："快，上房，用手榴弹炸！"

魏成友迅速地把五颗手榴弹绑在一起提着，飞快地从东边绕过去，把"丝丝"冒着烟的集束手榴弹从窗户塞进去，然后一个筋斗翻下来，落到雪坑里。

随着惊天动地的一声巨响，马架子棚盖带着烟火飞上天去，屋里的匪徒，只有小崽子马连德顶着大铁锅趴在地上，受了伤没被炸死，其余的五个匪徒，全都浑身血污，见了阎王。

孙大德气得从别的战士手里抢过一支冲锋枪，狂喊着，朝匪徒们的尸体狠扫了一阵。然后扔下枪，抱着头，蹲在杨子荣身旁呜呜地大哭，一边用拳头捶打着自己的胸部，自责着："我真没用，我的枪怎么也打不响，都是我不中用，没保护好杨排长……"

小魏和侦察员们也都趴在杨子荣遗体旁，呜呜痛哭。曲波流着泪，摘下帽子，战士们也都摘下帽子，向杨子荣低头敬礼。

万山肃立，林海悲鸣，大自然也向这位平凡而伟大的英雄默悼致敬！

杨子荣壮烈牺牲时，只有三十一岁。

杨子荣牺牲地——海林黑牛背北部梨树沟山里

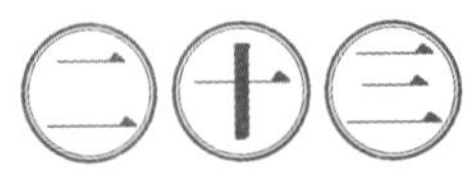

海林镇军民痛悼　建陵墓永垂青史

侦察员们把窝棚上的破门板卸下来，将杨子荣的遗体轻轻地放到门板上，抬回到梨树沟屯。

小分队因还需要在这一带进行军事活动，不能立即回去，曲波决定派人先把杨子荣的遗体送回团部。魏成友和孙大德等侦察员都哭着要求去送，曲波答应了，并把杨子荣牺牲的情况，给王团长写了一封简短的信，交魏成友带上。他们在屯子里找了群众的马爬犁，把杨子荣遗体拉到黑牛背屯，停放在一家群众的空房里。村民们听到噩耗，纷纷带着香纸，到烈士灵前祭奠。还由屯长出面，从群众家里买了一口松木棺材，将英雄的遗体盛殓起来。村民们帮助把棺材抬到森林小铁道的“轱辘马”车上，用马拉到柴河，又换群众的马车，送回海林镇，停灵在侦察排驻地——老油坊院内。二团上下，干部战士无不失声痛哭。牡丹江军区首长得知噩耗，也万分难过，指示二团一定要将烈士的追悼和安葬仪式安排好。

二团团部派人到牡丹江殡仪馆，请来了吹奏哀乐的永合班，又派人到新安镇南的黑石砬子买到一口上好的棺材，运回海林。但侦察排的战士们，实在不忍心再去移动老排长的遗体，就将这口好棺材盛殓了另一位牺牲的机枪班长冯路天（后来他的名字刻在墓碑上，时间长了“冯”字左偏旁的两点模糊看不清了，就误为“马”了，直到现在海林烈士纪念碑上刻的仍是“马路天”，特在此予以改正）。

经过二十多天的筹备，1947年3月17日（农历二月十五日）上午11时，二团指战员怀着无比沉痛的心情，在海林镇朝鲜族小学（后改中学）操场上，举行了极为隆重的公祭安葬杨子荣烈士大会。参加大会的有牡丹江军区首长、各团代表、中共新海（即海林）县委书记孙以谨、县长刘克文及各界代表和海林镇周围几十里的群众一千余人。

追悼大会开始，奏哀乐后，军区首长宣读了军区命令，将杨子荣生前领导的侦察排命名为“杨子荣侦察排”。县委书记孙以谨致悼词。

追悼会结束，进行安葬，院子里排满送葬的行列，前导是八个人抬着的两挺重机枪，跟着的是全副武装的一个班的战士，接着是每人手持一尺八唢呐的永合班哀乐队。后边是按民间风俗最敬重的十二杠抬法的棺椁，由二团连排以上干部轮流抬杠，再后边是军区首长、指战员、地方领导、各界代表和群众。

烈士的灵柩轻轻抬起，两挺重机枪对空射击，那激越的枪声表示向死者致以最崇高的敬意。乐班吹奏“哭皇天”的哀婉曲调，送行的人哭成一片。送葬的队伍走到街上，白色的佩花，白色的花圈，轰鸣的枪声，悲切的乐曲，汇成一眼望不到头的长河，前导已到达东山墓地，后尾还在老油坊院里未动。

棺椁下入早已砌好的砖石结构的墓穴，墓地上摆满了花圈、挽联和佩花。烈士墓前竖起三丈多高的木质纪念碑，顶端立着一颗铁制的大红五角星，闪着耀眼的光芒。碑的右上角写着："为建立和平民主而奋斗的烈士千古"；正中书写"英名永在，浩气长存"八个黑色大字；下款是建碑时间："中华民国三十六年三月十七日"。

烈士安葬后，二团王团长心情难以平静，为了怀念和宣传杨子荣的光辉业绩，他曾彻夜不眠，奋笔疾书，写了《英雄的侦察员杨子荣》长篇文章，呈送牡丹江军区。

据当时牡丹江军区政治部保卫科科长黄夷同志回忆介绍，杨子荣的英雄事迹和在剿匪斗争中的卓越功勋，由牡丹江军区上报东北军区后，东北军区授予他"特级侦察英雄"的光荣称号，这在东北军区中是独一无二的，只有他一人获此当之无愧的殊荣。

杨子荣英勇牺牲的这次战斗，是牡丹江地区剿匪斗争的最后一次战斗，他的牺牲标志着整个牡丹江地区剿匪斗争的结束，从此牡丹江地区的人民开始过上全面和平民主新生活。这也是他壮烈牺牲的伟大历史意义之所在。

杨子荣所在部队在他牺牲后不久，即编入东北民主联军第一纵队第一师，参加了全东北和全国的解放战争。以他的名字命名的侦察排，一直战斗到今天，始终保持着英雄集体的光荣称号，现属中国人民解放军某部建制。

位于海林的杨子荣烈士墓，在新中国成立后和近些年又多次进行修建，并正式建立了烈士陵园和杨子荣烈士纪念馆，每年都有来自全国各地数万名观众到烈士墓地参谒凭吊，受到英雄崇高精神的启迪和激励。

现在海林市区东山烈士陵园中，杨子荣墓前碑左下方落款时间二月三日为农历，即1947年2月23日烈士牺牲的时间。

1947年3月17日，海林县军民举行杨子荣烈士追悼安葬大会

杨子荣擦枪用的油瓶

杨子荣遗物

杨子荣遗物

海林市东山杨子荣烈士墓

曲波同志为海林市杨子荣纪念馆敬献的花篮

二十四

改名字亲人不知　传闲言苦受冷遇

由于杨子荣参军时没有报原名杨宗贵，而是用的家里人和乡亲们都不了解的“子荣”二字。“子荣”本来是他的“字”，但因不常用，没有叫开，所以别人不知道。再因当时的战争环境，本人不说自己的家乡住地，别人也不便多问，组织上也没建立档案，因此杨子荣的家乡住处，部队无人知晓，只知道他是山东胶东地区人，什么县什么村都说不出。他参军后一直没有给家里写过信或捎过话，所以家里人也不知道他参加部队的番号和开到了什么地方，以致他和家乡完全断绝了联系。因此部队无法将他牺牲的情况通知家属和地方政府，从而让其家属享受烈属待遇。这样就使这位名扬中外、家喻户晓的英雄家乡，不仅丝毫没有得到应有的光荣，反而给他的母亲、兄嫂和妻子带来了不应有的伤害。

那是1947年冬天，杨子荣已经牺牲半年多了，一个闯关东的人回到杨子荣的家乡山东省牟平县嵎岬河村。这个人不知是真的看见过化装成土匪执行侦察任务的杨子荣，还是别有用心编造的，他竟向嵎岬河的村干部们密告说，他在牡丹江东部穆棱县下城子地方，看见了杨宗贵，他穿着个黑棉袄，戴着个貂皮帽子，匪里匪气的。这个人的恶语中伤，使杨子荣的亲人陷入了巨大的不幸和痛苦之中。

当然也不奇怪，在那阶级斗争非常严重的年代和后来“左”的思想突出的岁月里，一个“土匪”的家属还能不受到歧视和打击吗？在没有足够证据或上级批示的情况下，谁又敢去正确对待和为他们洗去不白之冤！

当时嵎岬河村的干部们听到这个人的“胡说”后，信以为真，他们当即派村公所看门的，去把杨子荣六十一岁的老母亲宋学芝叫到村公所，一反过去对待革命军人家属的热情态度，连往日挂在嘴上的“大婶”“老嫂子”等亲切的称呼都丢到脑后，冷冰冰地审问：

“宋杨氏，你儿子杨宗贵上哪去了？”

宋学芝一下子愣住了，怎么的，出了什么事？她当即反问说：“我儿不是让你们打发当兵去了吗？”

“当兵？”村支书冷笑一声：“他早开了小差，当了土匪了！”

“你们这是血口喷人！”宋学芝听了气得不知道说什么好，指着村干部的鼻子说：“你有什么证据？”

“有人看见了！”

“谁看见了？”

“这用不着你查问，你说你儿子在部队里，他有信来没有？”村支书追问。

“信？……”宋学芝无话可说了，她的儿子确实没有来过信，这也是她最伤心和生气的事，她默默地挪动着重若千斤的双腿，怔怔地回到了家。

接着，杨子荣的妻子徐万亮也被叫到村公所，受到屈辱性的审问，徐万亮哭着跑回了家，嘴里不住地叨咕着：“这不是真的！这不是真的！我的命好苦啊！……”

这沉重的打击，把这一家子压得喘不过气，村干部们逮着这么个“土匪”家属，怎能轻易放过，以后三天两头，把宋学芝叫到村公所，逼她坦白交代：“你儿子杨宗贵到底在哪？捎信来了没有？快老实说吧，说了政府可以从宽处理！”

宋学芝又委屈又气愤，她极力反驳，骂那个该死的坏了良心说瞎话的人，但都是无力的，她把痛苦的泪水一次次咽进了肚子里。

1948年春天，村里通知，不再以军属身份给杨宗贵家代耕了，他家没有牲畜，只得由他哥哥杨宗福扶犁，他母亲、嫂嫂和妻子三个女人拉犁，对付把地种上。

宋学芝咽不下这口窝囊气，她到村里去辩白，村干部不理她。没办法，她到牟平县政府去说理，县里接待人员也推辞，她又步行百里去文登专署，人家说你儿子是从县里当的兵，还得回县里去解决。就这样，她由村到县到专署，再由专署回县回到村，往往返返，在这百多里的山道上，不知留下了宋学芝那裹过的“山东小脚”的多少脚印？洒过多少汗水和泪水！

这年冬天，杨子荣的岳母心疼女儿，想给她再找个人家，可是徐万亮说什么也不肯，她要和被痛苦压弯了腰的婆母相依为命，等着宗贵有个消息。然而左等没有，右等还是没有，全东北解放了，新中国成立了，全国也解放了，还是没有宗贵的一丝消息。徐万亮终于经不住这难耐的精神压力和对丈夫痛彻思念的折磨，她病倒了，再也没有起来。1952年秋天，这位年轻女人怀着遗憾，带着期盼死去了，到另一个世界与她的亲人相会去了。按照当地旧风俗，徐万亮没有子女，死后无人给“抓土”，不能入杨家坟地。婆婆宋学芝心疼啊，实在没办法，只好让大儿子宗福把五岁的儿子克武过继给死去的小儿媳，安葬的时候总算有人“戴孝”喊“娘”了，送她到了坟地。只可惜太晚太迟了！

1957年1月1日，牟平县人民委员会终于经多年审查，确认杨宗贵同志为失踪军人，给宋学芝发了盖着县政府大红印章的优军字第九二四号“失踪军人通知书”：

“查本县桂山区宁乡嵎岬河村杨宗贵同志确已参加我军，从19×年×月以来未与家庭通讯。几经查询，并无下落。特遵照1955年6月25日中华人民共和国最高人民法院、中华人民共和国内务部、中国人民解放军总政治部‘关于处理军属寻找军人问题的规定’的联合通知，经牟平县人民委员会审查确认杨宗贵同志为失踪军人，家属仍享受革命军人家属的优待。

特此通知

牟平县人民委员会

1957年1月1日”

老妈妈伤心地哭了，高兴地哭了：“咱又是军属了！……”

整整十年了，她一直遭受冷遇和白眼，现在她又扬眉吐气了，可以挺着腰板走路了。

1958年11月12日，一张盖着“中华人民共和国中央人民政府之印”的“革命牺牲军人家属光荣纪念证”，又送到宋学芝手中，她又成为光荣的烈属了，受到社会各界的尊敬。

当曲波的长篇小说和电影《林海雪原》相继问世和上映，特别是现代京剧《智取威虎山》演出和广播后，杨子荣的英名响遍了千家万户，可是没有人想到他就是嵎岬河村的杨宗贵，只有卧病在床的宋学芝想儿想得发疯了，居然对大儿子杨宗福说：“匣子里老说杨子荣杨子荣的，是不是俺儿宗贵？”而明知道弟弟宗贵的字叫“子荣”的哥哥宗福，却丝毫不敢往一起联系，还劝母亲说：“娘，你想到哪去了，天下同姓同名的多了，俺兄弟不是失踪了吗？再说人家杨子荣多英雄啊，俺弟能到那份上吗？”

为此，谁也没有把杨宗贵和英雄杨子荣想到一起。

1966年，八十岁的宋学芝，也终于带着巨大的遗憾病逝了。

由于无人知晓杨子荣的家乡何处，所以他的亲人、故里没有享受到应有的荣耀。

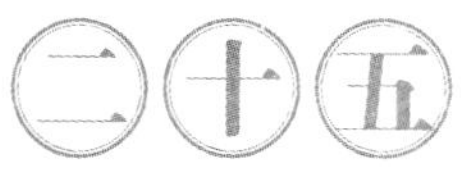

寻故里遍访胶东　见遗像确认家乡

杨子荣烈士的英名响震中外后，广大人民群众都渴望知道他更多的真实的光辉事迹。他生前所在部队要写他的事迹，却无法写他的家乡；杨子荣战斗、牺牲的海林县烈士陵园，要向广大参谒者讲述英雄的事迹，也需要知道他的家乡故里。可是谁也说不出，谁也不知道，这不能不说是太对不住血洒林海雪原的英雄了。当时只知道杨子荣是山东省胶东地区人，于是他们派人去胶东大地寻访，可是有着四万七千多平方公里和数以千计城镇乡村的广大胶东地区，到哪里去寻找啊！第一次调查没有任何收获，失望地回去了。

1967年春天，济南军区、山东省军区、英雄生前所在部队和海林县民政部门组成的联合调查组，再次赴胶东大地调查考证，仍无结果。

1969年5月，当年曾经为杨子荣只身入杏树村匪穴说降土匪立特功写过事迹报道的牡二团一营干事姜国政，以某师副政委的身份，在北京召开“关于杨子荣事迹和籍贯调查的专题会议”。杨子荣的生前战友和有关单位十余人参加，共同回忆杨子荣是什么地方人，仍其说不一，有的说是荣城，有的说是文登，有的说是牟平，谁也叫不准。于是又到牟平、荣城、文登、海阳四县调查，并把杨子荣参军的时间、背景和外貌特征等打印成文，发往四县的五十多个公社，请当地民政部门协助查找。一直过了两个多月，仍无结果。山东失踪军人很多，调查期间，曾有一百二十七人前来认领杨子荣为其儿子或丈夫，经查证核实均被否定。后来找到杨子荣的十二名战友，其中有人回忆起杨子荣曾说过他的家乡是牟平县的××河村，经查证可能就是嵎岬河。

又据牟平县城关公社一民政干部反映，嵎岬河村参军失踪的杨宗贵与调查组印的材料相符，他的老妈曾多次上访寻找他的下落。于是调查组又多次到嵎岬河村进行走访和召开座谈会，村里的老干部、老乡亲提供了大量的可靠材料，证明杨子荣很可能就是该村的杨宗贵。杨宗贵的好友、和他一起报名参军的韩克利证实，杨宗贵参军时改了名，他和杨宗福都说见过杨宗贵有个刻着“杨子荣印”的名章，杨宗贵的字就叫“子荣”。

经过初步认定，失踪军人杨宗贵就是要查找的著名英雄杨子荣。但仍没有就此完全肯定，特别是当时在“文革”中受极“左”的思想影响，认为其直系亲属母亲和妻子都去世了，他哥哥杨宗福是普通农民，表现不突出，不具备英雄亲属的先进思想水平，会影响样板戏中杨子荣的高大形象，所以暂时还不便公开认定，只笼统地说是胶东半岛，以后形势变化再说。这一“左”的片面意见，一直影响很长时间。此事本可定案了，却因此又被搁置下来。

1973年，曲波同志找到1947年2月杨子荣活捉“坐山雕”

后，二团召开群英会拍照的英雄集体照片，将胸戴光荣花的杨子荣单独翻印出来，又经放大后，寄给了刚建立的海林县杨子荣纪念馆。东北烈士纪念馆也补充陈列了杨子荣的这张遗像及其事迹，但都未写明家乡地址。1980年，笔者帮助海林县纪念馆进行杨子荣烈士事迹展览工作，进一步了解到寻找杨子荣家乡的情况，并深入调查采访杨子荣烈士事迹。

1983年5月末，笔者为撰写出版杨子荣烈士传记，需要最后公开写明杨子荣的家乡。不能再受过去“左”的思想束缚，我决定对其家乡再进行一次认定，于是将杨子荣的那张放大照片，以东北烈士纪念馆的公函，寄给牟平县民政局，请他们派人去嵎岬河村召开座谈会，出示所寄照片，不先说明是谁，让大家认定照片上的人是谁，这样能取得真实结果，提高准确度，协助完成进一步认定杨子荣就是杨宗贵的这一极为重要的工作。

牟平县民政局葛培重局长接信后非常重视，亲自办理此事，他带了四张不同人的照片，去嵎岬河村，请村里的老干部、老党员辨认。老人们看后毫不犹豫地指出了杨子荣那张照片就是他们村参军失踪的杨宗贵。他又找了杨宗福，这位老人更是流着泪喊出了：“他就是俺宗贵兄弟！……”

葛局长也激动地流下了热泪，他兴奋地告诉杨宗福：“你弟弟杨宗贵，就是《智取威虎山》里的那个杨子荣啊！”

老人简直惊呆了，过去他母亲猜想的戏里唱的那个人，现在果然成为真的了，他跑到母亲和弟媳的坟前哭叫着，告慰那在天之灵或地下有知，她们也当欣慰了。

葛局长请几位老村干部和杨宗福写下了证明材料。同年10月14日，笔者在赴青岛参加中国博物馆学会召开的第二届全国学术讨论会后，专程去牟平县民政局了解认证情况。葛局长拿出了证言材料，并再次陪笔者一起去嵎岬河村。笔者又亲自召开老人座谈会，和烈士的兄长杨宗福会面。直到确认无疑，笔者才在杨子荣传中，首次写上了英雄的故乡——山东省牟平县城关镇嵎岬河村。1986年11月，《东北解放战争烈士传》（一）由黑龙江人民出版社正式出版，其中的《特级侦察英雄杨子荣》一文面向社会首次公开认定了杨子荣烈士的家乡。

1987年5月，笔者将正式出版的《东北解放战争烈士传》（一）寄给牟平县民政局。杨子荣家乡的公开认定，给牟平县人民带来了无上的自豪、骄傲和光荣。牟平县委、县政府、县人大、县政协，非常重视，于1988年3月做出决定，广泛征集杨子荣的英雄事迹，并于1990年和1991年两次派人前来哈尔滨和海林县，笔者为他们提供了许多关于杨子荣烈士的史料、照片和重要调查线索。这时，英雄的家乡和战斗牺牲地才沟通起来，笔者为两地起了重要的搭桥的作用。牟平县经过两年多的征集史料和筹备工作，于1991年7月1日，在县城中心建成“杨子荣广场”，竖立起英雄高大的塑像，又在杨子荣当年参军的地方雷神庙西侧，建起了“杨子荣烈士纪念馆”，并举行了隆重的落成仪式。杨子荣生前所在部队的老首长、老战友及烈士的亲人出席了开幕式，笔者也接到牟平县委、县政府发来的请柬，但因当时工作太忙，未能出席，深感遗憾，只有发电文祝贺。

正是：

大智大勇屡立殊功英名留万世

海林牟平北南两地仰首颂英雄

1983年10月14日，笔者（右二）与山东省牟平县民政局局长葛培重（右一）在杨子荣烈士家乡嵎岬河村召集老年人座谈，查证烈士故里。左四为杨子荣烈士哥哥杨宗福

结 语

2017年1月28日是特级侦察英雄杨子荣烈士诞辰100周年纪念日；2月23日是英雄牺牲70周年纪念日。

2月23日当天上午，由黑龙江省委宣传部、省文化厅、省社科联、省教育厅主办，黑龙江省图书馆、省社科联评奖普及办公室承办和东北烈士纪念馆协办的《龙江讲坛》，在东北烈士纪念馆报告厅，举办“纪念特级侦察英雄杨子荣牺牲70周年讲座”活动，特邀笔者主讲杨子荣烈士英雄传奇事迹，缅怀烈士为了新中国和人民舍生忘我、甘洒热血的大无畏革命精神。黑龙江省图书馆读者、武警部队官兵和社会各界人士200余人到场聆听讲座。笔者重点讲述了杨子荣如何生擒三代惯匪“坐山雕”和英勇牺牲的真实事迹，时间长达两个多小时，听众反响强烈，深受教育。《黑龙江日报》《北方时报》，中国新闻网、中国纪念馆网、东北网等报纸和网站都纷纷报道了这次讲座活动。报道说，通过讲座，让广大观众了解了一个更加真实的杨子荣，在钦佩其英雄气概之余，更感受到了他的人格魅力。

对杨子荣烈士事迹的收集调查，起始于20世纪80年代初，至今已三十多年。当年接受笔者访问的杨子荣烈士的老领导、老战友、家人和乡亲等知情者，大都因年老已离开人世，后来人对杨子荣烈士的真实革命斗争历史很少知情。尽管笔者过去也写过杨子荣烈士简传和一些战斗事迹片段，刊发在一些报纸杂志上，但因时间久远，也早被人们淡忘。而笔者也已离开工作岗位二十多年，更已进入耄耋之年，垂垂老矣！

2017年2月23日，杨子荣牺牲70周年纪念专题讲座，笔者主讲烈士侦察战斗事迹

现今尚在的曾经全面深入调查过杨子荣烈士事迹的人，恐怕已寥寥无几。为不使这样一位为新中国的建立而血洒黑土地的大英雄的战斗事迹，不被尘封埋没，而由笔者将过去收集的史料，汇集整理成文，并承笔者工作过五十多年的单位东北烈士纪念馆馆长刘春杰同志的大力支持，得以将此书付梓，以飨广大读者。同时也是为保存下一些重要史料，得以传留后世。此是笔者尚存的一点余热和心愿，别无他求。

我们今天弘扬杨子荣烈士的光辉事迹，就是要永远铭记历史，缅怀先烈，向先烈学习，不忘初心，继续前进。为国家富强、人民幸福，为实现中华民族伟大复兴的中国梦贡献应有的力量！

黑龙江地区剿匪斗争概况

温野

一、土匪猖獗，给根据地建设带来严重威胁

日本投降之后，国民党为了争夺东北，在美国支持下，积极往东北运兵。同时，派遣大批接收大员、特务分子进入东北各省，打着国民党的旗帜，网罗了伪军，伪警察、宪兵、特务、土匪及一切与人民为敌的反革命分子。一时群魔乱舞，司令多如牛毛，什么“地下军”“光复军”“先遣军”“挺进军”“忠义救国军”“民众救国军”出现，名称、番号繁多。一些伪军、伪警、土匪头子和封建余孽摇身一变，成为国民党的军长、师长、旅长。蒋介石亲自加委的陆军新编第二十七军军长姜鹏飞，遵照蒋介石的命令，于1946年2月间到达哈尔滨，收编了谢文东、李华堂等匪军，编成了十六个师。这些民族败类，在国民党指使下，向人民进攻，流窜各地，为非作歹。国民党还唆使一部分反革命分子，采取“先当八路，后当中央”“明当八路，暗当中央”的反革命策略和“挖底政策”，伪装革命，骗取信任，乘我们扩军之机，接受我们的收编委任，混入我军内部，利用合法身份取得武器。一旦得势，掉过枪口，攻我机关，杀我干部，成为政治土匪。据不完全统计，当时在东北受国民党指挥，以各种名目出现的土匪武装不下

十万人，而北满地区就占三分之二。

在松江省境内，有国民党委任的“东北救国军第五路军”参谋长郭世民，国民党“中央先遣军第五战区总指挥”曹兴武，国民党先遣军第三军军长王正午、二十军副军长左建堂，国民党东北挺进军第八军军长郭士珍，新编二十七军一〇六师师长刘昨非，东北保安总司令部第九十五师师长王兴武和东北自救军军长刘兆勋，还有蓝金甲、刘鸣九、徐占海等大、小股土匪共一万二千多人。

牡丹江、绥宁地区，有国民党东北挺进军“滨、绥、图战区”司令马喜山和高永安、李开江及三代惯匪、东北第二纵队第二支队司令“坐山雕”张乐山、王枝林等，有土匪三千多人。由于匪势猖獗，全省一些主要交通线常被切断，匪区人民饥寒交迫，病疫流行。“九彪”股匪在穆棱袭击旅客列车，打死打伤群众一百多人。

合江地区有蒋介石委任的第十五集团军上将总司令谢文东、国民党第一集团军上将总司令李华堂、国民党东北先遣军中将副军长张雨新(即张黑子)以及孙荣久、车理珩等，共有二万多人。张雨新在勃利曾下令大抢三天。郭清典匪部在密山一次就杀害群众二百多人。还把东鲜、东明、东兴三个朝鲜族村子的男女老少，几乎全部杀光，民房全部烧光。

嫩江地区的大股土匪有国民党东北光复军军长马越川、旅长邢宪章、张百藩等一万八千多人。大部是骑兵，还配有坦克、装甲汽车、平射炮、迫击炮、掷弹筒等重武器。嫩江地区大小城镇大部被土匪控制，严重地威胁我刚刚建立起来的新政权。土匪还在泰来县武庙子策动了叛乱，枪杀了我泰来军分区司令员张平洋同志。

在以北安为中心的黑龙江省境内，有国民党东北行营第一战区挺进第一军(即光复军)上将军长尚其悦及王忠义、鄂木天、孙藻庆、刘亚洲等五个旅共四千余人。还有混成第八旅旅长刘山东(本名刘光才)、混成第七旅旅长关作舟、混成第八旅旅长康崇刚、混成第九旅旅长卢会杰、混成第十旅旅长毒龙(本名张云阁)及直属哈尔滨先遣军总指挥曹兴武的黄雨廷、国长友(伪满警察大队长)等匪部共一万一千多人。这些土匪十分凶狂。1945年12月14日，我逊河县县长顾延龄被枪杀，十一名战士被活埋。17日匪徒攻打孙吴县城。我四十名新战士全部被杀害、活埋。12月19日，通北县政府秘书赵光去北安报告工作，在通北车站被叛匪杀害。叛匪还攻入县大队部及公安局，打伤县大队政委李仰南，并在县城内大肆抢劫财物。12月25日，特务策动我绥棱自治军县大队二连叛乱。我公安局长栗本堂、民政科长宋林棣二同志坚决抵抗，英勇牺牲。12月28日，匪徒袭击德都县政府，我县大队副队长赵青山等五名同志牺牲。

匪军还在泰安设立国民党省政府，计划以泰安为基地，扰乱和控制全省。

盘踞在北满、西满境内的土匪共有七万余人。土匪不仅人数众多，装备良好，还控制了一部分铁路、公路、桥梁等交通干线、要道。在他们控制区内，大肆进行反动宣传，造谣生事，使一部分群众上当受骗，参加匪军。各种反动会道门也趁机兴风作浪，为匪作伥。匪军不断向我驻地进攻，策动叛乱，

杀我革命干部，给根据地建设造成极大的困难和威胁。

二、打开局面，开展剿匪斗争

党中央对东北的局势非常重视，完全同意陈云的主张："当前在满洲工作的基本方针，应该不是把我们的全部注意力集中于这三大城市（指沈阳、长春、哈尔滨——引者），而是集中必要的武装力量，在锦州、沈阳前线给国民党部队以可能的打击，争取时间。同时，将其他武装力量及干部，有计划地主动地和迅速地分散到北满、东满、西满，包括广大乡村、中小城市及铁路支线的战略地区，以扫荡反动武装和土匪，肃清汉奸力量，放手发动群众，扩大部队，改造政权。"毛泽东代表党中央，于同年12月28日，在给中共中央东北局的电报中强调指出："迅速在西满、东满、北满划分军区和军分区，将军队划分为野战军和地方军。将正规军队的相当部分，分散到各军分区去，从事发动群众，消灭土匪，建立政权，组织游击队、民兵和自卫军，以便稳固地方，配合野战军，粉碎国民党的进攻。"

中共中央东北局遵照党中央的指示，将东北划为东满、南满、西满、北满，成立四大军区，规定了改编部队、肃清土匪和发动群众三项主要任务。从此，各地区积极开展剿匪斗争。从1945年12月至1946年5月，是各省军区打开局面，开展剿匪的阶段。

1945年11月22日，中共北满分局和松江省工委、松江军区由哈尔滨撤出，于24日赶走宾县的土匪，正式进驻宾县城里。

12月2日，松江省工委按照北满分局的指示，召开军政干部会议，决定立即停止发展军队，整顿组织，纯洁内部。并将各军分区的老干部集中使用，提出搞“拳头”的口号。同时成立松江省军政委员会，张秀山任书记，李兆麟、聂鹤亭、李寿轩、张池明为委员。会议确定了“建军、剿匪与发动群众”三位一体的方针。

会后，将各军分区由关内来的老干部、战士集中编成一个老七团。又抽调哈北分区四团和炮兵团的一部分兵力，进行了十余天的整顿。于1945年12月12日组成了野战军剿匪司令部，下达了剿匪命令。由军区司令员聂鹤亭、副司令员李寿轩亲自指挥，首先向威胁宾县最大的盘踞在拉林东面八家子的王正午匪军和在周家店的左建堂匪军发起猛攻，将三千余名匪军击溃，毙、伤匪徒二百七十余名，俘虏三百五十七名(内有匪参谋长一名)，缴获轻、重机枪二十余挺，步枪三百多支，掷弹筒十余个。接着，江南军分区(即一分区，原哈东、哈南军分区合并)三团的二、三营，又进攻了宾县西北的糖房、满井等地的“东北保安军”刘鸣九、徐占海等匪部。匪军大部被消灭，活捉了匪首刘鸣九、徐占海。

1946年初，我松江军区的一、四、七、八团和炮兵团等三千余人，继续分路进剿土匪。1月22日收复木兰县城，接着又收复了方正县城。这时八路军主力部队三五九旅也从前方开到这里。23日，三五九旅解放了延寿县城。之后，我军乘胜猛进，沿松花江东下，进入通河县境。松江军区部队和三五九旅胜利会师。这时盘踞在通河的李华堂匪部见我大军压境，无力抵抗，不战而逃，我军顺利解放了通河镇。然后，又挥师北上，于2月19日，解放了东兴县城(今木兰县东兴乡)。

4月，苏军撤离哈尔滨。我松江军区抽调五个步兵团，一个炮兵团，在三五九旅、北安军区第三旅十团和东北民主联军总部直属的七师十九团配合下，于4月28日，收复北满重镇哈尔滨，歼灭伪“铁石部队”等匪军五千余人，赶走了国民党的松江省长关吉玉等接收大员。4月30日，捕获“中央先遣军”第五战区总指挥曹兴武，粉碎了其向哈尔进攻的阴谋。哈尔滨是北满的交通枢纽和战略要地，它的收复，对巩固后方，支援前线，具有重大的政治意义和军事意义。

经过五个月的连续作战，我军总计在哈南作战三十八次，哈东二十三次，哈西二十一次，哈北八次，哈尔滨市内四次。共击溃匪军一万二千余人，毙、伤、俘及投降匪徒六千余人，逃散四千余人。收复城市十二座，缴获各种枪支二千余支，子弹无数。

我军在冰天雪地中艰苦作战，英勇杀敌，伤亡一千九百余人，其中牺牲四百余人，负伤八百余人，冻伤七百余人。

在土匪猖獗的牡丹江地区，地委和军区积极部署剿匪作战。在宁安、东京城成立第七、九、十一三个团。编成牡丹江军区第一支队，由山东来的田松支队改为第二支队，军区直属的十四团和警卫团合编成第三支队。牡丹江各部队于2月中旬开始分路进剿。1946年2月15日，以田松支队和宁安警卫团二千五百多人为主力，首先开始了牡丹江南部地区的剿匪战斗。我军冒着严寒，向盘踞在鹿道、春阳、镜泊湖、天桥岭一带的马喜山、郑云峰匪部二千余人发起全面进攻。历时十七天，进行大小战斗十一次。除匪首马喜山率残部逃往吉林省国民党统治区外，余匪全部被歼。击毙匪四百余名，俘匪一千二百余名，并解放三十二个居民屯。

3月16日，又集中兵力向牡丹江北部的五河林、仙洞、马桥河等地的顽匪高永安、张德振、李开江等二千余匪军展开进攻。著名的侦察战斗英雄杨子荣，利用我军的强大声威和缴枪不杀的优待俘虏政策，与土匪谈判，迫使四百多名匪军放下武器，我军一举解放了杏树村。28日，我牡丹江、合江两支大军会师于柳树河子。经过联合作战，除匪首高永安带残匪逃走外，二千余匪军全部被歼。牡丹江地区北线剿匪大获全胜，牡丹江至佳木斯的交通开始畅通。

1946年1月，合江剿匪部队在军区司令员方强等指挥下，首先向盘踞在清河、祥顺山、大罗密一带的李华堂匪军进攻，歼灭李匪和高明山匪部六百多名，李华堂带三百余人逃往林口县境内的三道通一带。接着又向谢文东、张雨新、孙敬尧等部进击，获得辉煌战果。五个月来，合江剿匪部队共消灭匪军六千余人，缴获步枪三千余支，炮二十门，轻、重机枪三十余挺，汽车二十辆，战马二百余匹。收复了依兰、勃利、密山、宝清、饶河、抚远等主要县城，初步稳定了合江局势。

嫩江省军区一旅，在司令员王明贵率领下，于1945年12月30日夜，将光复军王维国部四百余匪军占据的甘南县城包围，打响了嫩江地区剿匪战斗的第一枪。经过三个小时的激战，匪首王维国只带二十多人逃走，我军攻克了甘南县城。此次战斗共俘虏匪军三百余名，缴获重机枪五挺、轻机枪十余挺、步枪五百余支。我军攻克甘南后，接着收复了嫩江、讷河、富裕、林甸、泰康、龙江、景星、布西等九座县城，歼敌九千余人。除匪军七旅宋同山部的三千余人还盘踞在景星一带外，其余的六千多人逃入齐齐哈尔市里。1946年4月24日凌晨2时，我嫩江部队在东北民主联军总部派来的辽西部队两个支队和十九旅的配合下，向齐齐哈尔市发起总攻。歼敌三千多人，活捉匪旅长张百藩，缴获各种枪二千多支，还有汽车、坦克、装甲车等数十辆，各种炮数十门，解放了齐齐哈尔市。嫩江省工委、省政府、省军区迁回齐市。

黑龙江省工委对北安地区的剿匪斗争也做了详细部署，做出了“巩固克山、保卫拜泉、打下泰安，然后回解德都之围，以求打开黑龙江局面”的决策。1945年11月上旬，黑龙江省军区副司令员王钧带领三旅九团从北安到克山，为攻打泰安做准备。盘踞在泰安的匪首东北行营第一战区挺进第一军军长尚其悦，发现我军有攻打泰安的意图，乃于12月12日拂晓，与匪二旅旅长王忠义带领二千余匪军，偷袭我拜泉县城。妄想乘机打下拜泉，再攻打海伦、绥化，孤立北安，把我军主力吸引到南部去，以解泰安之危。我拜泉县城里当时兵力薄弱，只有新组建的县大队，虽有几百人，但缺少训练，枪支弹药也不足。对匪军的进攻，县工委按照省工委的指示，早有准备。省军区司令员叶长庚派他的警卫员担任县大队主力营营长。县工委的几位负责人胡林(书记)、倪伟(县长)、马乘风(组织部长)、唐克(县大队队长)、董大洲(公安局长)等在城里的几个防守点上，指挥队伍与匪军展开激战。县政府大院是主要据守阵地。匪军进攻一开始，倪伟就用枪逼着电话员接通了北安、海伦、明水、克东四处电话，报告了匪军进攻的情况。坚守拜泉的战斗打了三天三夜。省军区电令克山王钧，连夜率部驰援拜泉，并调驻守海伦的二旅和驻绥棱的骑兵团，以及克东县大队、明水县大队等，火速前往拜泉，夹击尚其悦匪军，同时向泰安靠近。匪军在我北、东、南三面部队夹击下，伤亡惨重，仓皇逃回泰安。我军于12月15日解除拜泉之围后，回师集中到泰安附近的宝泉镇，组成了攻打泰安的指挥部。省军区副司令员王钧任总指挥，二旅旅长张光迪为副总指挥，三旅旅长廖中符为副总指挥兼参谋长，三旅副政委亚民为政治部主任。调集了二、三旅的四个步兵团，一个骑兵团和克山、拜泉、克东、泰安四个县大队，共四千余人，向泰安挺进。当时泰安城内有尚其悦匪部的四个旅，还有“王洪”“刘汉”“扫北”等胡子队。泰安城高八尺，四角有碉堡，城外挖有深八尺的慢坡形城壕，并拉上铁丝网，浇上水冻成冰坡。土匪用四个旅的兵力，抗拒我军攻城。我军总指挥部设在泰安镇北元号。12月27日拂晓发起攻势。担任主攻的九团在团长邢奎的指挥下，经过激烈战斗，拿下了城东门外的亚麻厂。28日深夜，我九团三营攻打城外东南角的敌人制高点火磨。尚其悦把装备最好的“扫北队”放在这里。我军伤亡较大，三营四连一个加强排四十六名战士，牺牲了三十八名。29日黎明，我军开始炮击火磨，敌人逃入城里。31日，我军攻入城内，击毙敌三旅旅长鄂木天、四旅副旅长徐乃滨、五旅旅长刘亚洲等匪首以下六百余人，生俘千余人。匪七旅二十五团团长白大胡子(即白星魁)被活捉，匪军长尚其悦化装带百余人逃走，我军胜利解放了泰安。

泰安战役结束后，我军分三路：军区司令员叶长庚、副司令员于天放率一旅在南线，向绥化、绥棱、庆安一带山区进剿；三旅旅长廖中符、二旅旅长张光迪在中线，向克东、通北、拜泉等地进剿；副司令员王钧在北线，向黑河地区进剿。到1946年3月，南线消灭了土匪黄雨廷师一千余人和国长有匪部四百余人，中线消灭了匪混成第九旅旅长卢惠杰部三千余人。至此，北安以南地区的土匪基本肃清。

北满地区这一时期的剿匪斗争，各地都取得了很大胜利。巩固了政权，扭转了过去土匪猖獗的严重局势。在北满六十五个县城中，我军已占五十八个，北满局面打开了。但这一时期的剿匪作战，土匪多是被击溃散，残匪逃匿山林潜伏，企图乘机再起，剿匪任务还是十分艰巨的。

三、积极发动群众，全力清剿土匪

从1946年6月到1946年9月，是积极发动群众，全力清剿土匪阶段。

1946年夏季，国民党军队进占四平、长春、吉林后，继续向北进犯。前哨到达德惠、三岔河一带，与我军隔松花江对峙，并叫嚣进攻哈尔滨、牡丹江等城市。在这种紧张形势下，北满各地被击溃而潜伏下来的土匪又聚集起来，主要在农村进行破坏骚扰，袭击我区、乡武装部队，杀害地方干部和积极分子；拦截运输车辆，破坏铁路桥梁；造谣惑众，扰乱人心；企图扰乱我后方，阴谋达到里应外合，策应国民党军正面进攻的目的。

松江省各地聚集起很多小股土匪，在宾县的高丽帽子、糖房、满家店、永增源、金家窝棚和阿城县的周家店等地，有土匪三百多人。在五常县向阳山、冲河、八家子各有五百余人。平山、玉泉、珠河、苇河各地土匪亦蠢蠢欲动。国民党东北保安总司令部第四军第九十五师师长王兴武，在延寿一带纠集其匪部蓝金甲等十余股，千余人。由于土匪的进攻，造成我双城、拉林、宾县、通河部分农村自卫队遭到袭击而瓦解。牡丹江地区的东宁、穆棱、绥阳、勃利等地土匪相继制造暴乱。潜伏在东部的股匪姜团、郭团等又聚集起四千余人，于五月初侵占我东宁、绥阳两座县城，控制了穆棱县大部分地区和绥芬河至下城子一段铁路。潜伏在牡丹江市内的国民党特务姜学瑢(伪满军中尉、国民党市党部训练科长)和王介俘(伪满铁路警察，“八一五”后参加国民党)勾结活动在市郊的匪首傅邦俊、王小丁等，纠集土匪一千余人，编成第八支队，王介俘任司令，姜学瑢任副司令。他们猖狂活动，组织暗杀团和利用反动迷信会道门，造谣生事，破坏治安。5月14日夜里，王小丁匪部三百人潜入牡丹江市内，15日晨发动暴乱，围攻省政府、军区司令部和干部学校，企图占领牡丹江市。当即被我军击溃，毙匪五十余人，活捉匪首王小丁以下二百余人，平息了暴乱。

合江地区土匪也很快聚集到四千余人，谢文东在黑台子(东安、鸡西之间)召集匪首会议，策划攻占鸡西和东安(今密山镇)。5月15日，谢文东匪部一千五百人围攻鸡西，5月27日攻占了东安。宝清土匪六百余人，5月中旬袭击同江、富锦县城。李华堂、张雨新等匪部亦集结兵力，向我军进攻。

嫩江地区光复军的残余及地主恶霸，以王乃康、杨化泉、刘山东、小三爷等为首，组成挺进军三千余人，窜扰我嫩江边沿地区，破坏群众运动。

黑龙江省境内聚起土匪三五人至几十人的就有三十九股，共二千五百多人，在绥化、庆安、铁力、望奎、穆棱、海伦、通北、北安、拜泉、明水、泰安、德都、孙吴和黑河等地的农村和山区到处流窜，经常袭击我区政府，杀害我干部。6月3日，中共望奎县委书记胡再白和县长冯耕夫去北安开会，路经呼兰河口时，遭到土匪袭击，胡再白和冯耕夫光荣牺牲，同行的林枫同志的父亲也惨遭杀害。6月中旬，黑河军分区司令员兼政委王肃，从北安参加省工委会议后回黑河途中，在爱辉县黄金子，遭挺进军六旅刘山东匪部截击，王肃等与土匪进行英勇战斗，终因敌众我寡，王肃身中数弹，壮烈牺牲。省工委新派赴黑河任军分区政治部主任的刘光烈和他的爱人江燕，也在这次战斗中英勇牺牲。

面对前有敌人大兵压境、后有土匪破坏骚扰的严重形势，东北局和东北民主联军总部于1946年6月做出《关于剿匪工作的决定》（以下简称《决定》），指出："根据目前斗争形势的发展，充分证明北满——特别是合江及牡丹江地区，为我党在东北最基本的战略根据地。因此必须争取在最短时期内，坚决彻底肃清土匪，发动广大农民，建立巩固的后方，以支持长期斗争。现在大城市失掉，如果再不以根据地为主，农民为主，将会使我党在东北处于非常不利的地位，甚至有遭受失败的危险。”《决定》对过去半年的剿匪斗争经验做了总结，找出了未能彻底肃清土匪的主要原因，就是群众没有发动起来，以致未能彻底铲除那些顽匪“地头蛇”的根基。土匪有匪窝，有储备粮，有混在村屯里的情报人员，只有发动起群众，才能斩断匪根。其次是我军缺少老部队做骨干，新成分多，又缺乏剿匪经验，给敌人造成可乘之机。在战术上，我军多是采取威胁战和击溃战，没有坚决穷追，彻底歼灭。而土匪却非常狡猾，他们有一套集中、分散、隐蔽的游击战术。我们进剿，土匪抵抗不了，就此剿彼窜，钻空子袭击我薄弱处，或化整为零，保存实力，潜伏起来，伺机再起。因此，大股土匪虽被我军击溃，但并未被歼灭。待我军一走，这些匪徒就又聚集起来，进行骚扰。

《决定》还强调指出，要彻底肃清土匪，必须发动群众，只有群众真正发动起来，土匪才无藏身之所。而土匪不消灭，群众也不可能真正发动起来。因此剿匪和发动群众必须同时进行。为达到这一目的，要动员和抽调大批干部组成工作团，随剿匪部队出发，深入到农村中去，做群众工作。同时号召各级领导机关的干部离开大城市，走出洋房子，脱下西装，脱下皮鞋，换上农民衣服，不分文武，不分男女，不分资格，一切可能下乡的干部都要统统到农村去，把群众发动起来。“发动农民的方法，是发动反奸清算，减租减息，分粮分地的斗争，并使中央关于土地问题的‘五四’指示迅速普遍执行。”只有使农民群众得到实际利益，“自动的积极起来，到处收缴地主武装及隐蔽起来的散匪武装，镇压反革命，造成人民的剿匪运动，才能最后肃清土匪，建立巩固的根据地”。在军事行动上，要求所有剿匪部队，迅速进入指定地区，执行剿匪任务。要对指战员进行战斗动员，提高部队对剿匪重大意义的认识和英勇果敢的战斗情绪。战术上要采取“穷追猛打”，反复围剿，严厉镇压。对走投无路，内部动摇分化，向我投诚的土匪，不许再进行收编，必须解除其武装。对匪首和上层分子，要集中严加看管，防止其继续活动，伺机再起。各省、县邻近地区剿匪部队，要互通情报，协同作战，不给匪徒以可乘之隙和喘息的机会。

为了更快地发动群众，开展剿匪斗争，东北局于7月25日又发出《关于抽调兵力进行群众剿匪工作的指示》，要求各军区、各师抽出三分之一兵力，党政机关抽出五分之三干部，组织地方工作团下乡工作。

遵照东北局的决定，各省委、省军区制定了剿匪计划，派出大批干部深入农村，领导群众反奸清算，组织自卫武装，积极配合部队，展开群众性的剿匪运动。

松江省委发出了关于《抓紧时间迅速剿灭土匪》的指示，要求广大指战员立即全面地积极行动起来，开展各地区、各部队之间的剿匪竞赛运动。松江军区江南分区第三团，在珠河(今尚志市)、苇河一带山区全力追剿刘昨非、韩小胡匪军。7月间消灭了这股土匪五百余人。江北分区独立团，在巴彦、呼兰两县大队配合下，肃清了大青山、蒙古山、凤山及泥河两岸的三千余名土匪。在剿匪过程中充分发挥了群众武装的作用，其中拉林、呼兰、宾县、延寿等县群众武装组织得较好，有效地配合了部队剿匪斗争。7月初，松江军区骑兵团政委刘仁和，带领部分队伍活动在八里岗。7月9日，原收编的一些土匪分子乘机发动叛乱，刘仁和等六名指战员英勇牺牲。

7月26日，王明德匪部六百余人，向拉林王家岗骚扰。王家岗农民自卫队和群众英勇抵抗，他们用仅有的几支步枪，“洋炮”（火药枪)和四支“抬枪”向土匪射击，最后用“抬枪”将土匪两个机枪射手打死，机枪也被打坏了。村里被打着火的地方，妇女们迅速挑水，将火扑灭，老人和小孩来往运送子弹和火药。由于全村群众团结一致与土匪作战，终于击毙匪首“金山”，匪徒死伤二十余人，其余土匪狼狈逃回山里。

呼兰县苔屯区乐业村自卫队十三名队员，只有七支枪。6月6日深夜，与进攻该村的四百多名土匪进行英勇的战斗，牺牲了五名队员。自卫队员吕殿云击毙匪首“燕山”等六人，直到县里部队赶来，击溃了土匪，保住了全村。在县工农代表大会上，吕殿云被选为自卫英雄。

7月底宾县黑鱼泡农民自卫队，用“洋炮”和抬枪抗击一百多名土匪的进攻，在击毙三名土匪后，因火药发潮打不响，队员们就用红缨枪与土匪拼杀。后常安自卫队赶来支援，击退了土匪。

延寿县境内有土匪千人以上，县大队采用“打”（部队穷追猛打)、“挤”（武装工作队配合剿匪，把土匪挤得无法存在)，“杀”（把罪大恶极的匪首杀几个，威慑土匪)、“放”(对交枪的土匪经教育后放回家为农)等办法，收到很大效果。

在兴隆区以北，有土匪“密林”　“交得宽”等数股二百余人，我军“穷追猛打”，一直追了八天，土匪最后无路可走，只好投降。匪首“密林”　(本名吕相臣)于9月20日带四十七人、步枪二十六支、手枪一支，向延寿县政府交枪投降。

1946年秋，潜入哈尔滨市的大匪首、国民党新编二十七军军长姜鹏飞，与军统特务、国民党中央执行委员会敌后工作委员会东北四省分会军事委员李明信互相勾结，阴谋组织叛乱，企图攻占哈尔滨。李明信自称“未来佛”“活佛”，后又自称“皇帝”，利用“金线九宫大道”“普济佛教会”“一贯道”等封建迷信反动团体，诱骗落后群众入道入会。他们还用没有弹头的子弹射击活人，蒙骗道徒，胡说入道可以刀枪不入。李明信与姜鹏飞合谋，成立联合指挥部，决定于8月28日凌晨，在三棵树、太平桥、道外、道里、顾乡屯等地发动暴乱。姜、李二匪的阴谋被我哈尔滨市公安局侦破，于8月25日，在道外天泰客栈一举将匪首姜鹏飞、姜凤鸣(匪二十七军参谋处长)、张富平(匪军需处长兼哈尔滨办事处长)等十余人逮捕。

李明信于8月28日清晨，组织暴乱队伍三百余人，手持枪支、刀矛、棍棒，扛着龙旗、令箭，向哈市进攻。我军在太平桥埋伏一个营的兵力，立即向暴乱队伍开枪射击，匪徒们四散逃命，暴乱很快被平息下去。

平息姜、李二匪发动的暴乱后，匪地下军残部“老来好”匪部二百余人，仍在哈市顾乡区一带抢劫、破坏，严重影响哈市治安。我顾乡区保安大队两个排，在农民自卫队配合下，在西下坎将匪军全部歼灭，缴获各种枪械二百余支。

牡丹江军区部队，积极追剿王枝林等匪部。5月22日解放了绥阳，6月10日收复东宁县城，匪旅长王枝林仅带残部三十余人逃走。我军毙、伤匪团长吴三虎以下四百余名，在泊儿头屯俘虏匪首姜开山、吴二虎以下六百余名。我军继续追击残匪到红石砬子，将匪首吴大虎匪部八百余人全部缴械，缴获重机枪七挺、轻机枪九挺、长短枪一千五百支、各种炮弹三千多发、子弹无数。7月23日，我军在牡丹江北部柞木台子围剿匪首“九彪”部，活捉匪团长以下一百余人，击毙七十多人。

合江省委、省军区在张闻天同志领导下，纠正了过去对土匪收编的错误做法，提出了“穷追猛打”“根绝匪患”的正确方针，坚持集中优势兵力清剿，咬住敌人不放，追剿到底，直至彻底消灭。合江军区第四支队配合三五九旅，于7月初歼灭了郭清典、杨之范匪部，解放了宝清县城。我军又继续追剿逃往富锦、桦川的一千四百多名土匪，连续作战，到7月12日最后一次战斗，俘匪团长二人、营长四人、匪军九百七十多人。我军开展政治攻势，使走投无路的土匪八百余人被迫投降。至此，富锦、桦川地区残匪基本肃清。

7月下旬，东安军分区部队在鸡西周围，对残匪进行奇袭，俘匪五十二军军长孟尚武、旅长刘云龙、团长李树臣等及以下一百余人。我军又向盘踞在东安、密山、连珠山、二人班等地的二千多名土匪进剿，经一昼夜激战，匪军大部被歼，毙伤三百余人，缴获野炮七门、迫击炮十一门、机枪二十余挺、长短枪三百余支、炮弹二百余发。少数残匪向宝清县境逃窜。7月22日，合江军区佳南支队，以“秘密、迅速、突然、猛烈、

准时、协同”的战术，袭击了孙荣久匪部盘踞的驼腰子金矿，毙、伤、俘匪一百零三人，解放了合江省三大金矿之一的驼腰子金矿。

8月初，窜扰在依兰、林口、勃利等地的李华堂、谢文东匪部，在刁翎地区与张雨新、车理珩等匪部会合。在刁翎被我军歼灭七千余人，谢、李等残匪率部逃入深山密林。

嫩江地区我剿匪部队，于8月22日在嫩北山区塔溪一带，围剿王乃康、李云豪匪部五百余人，激战一昼夜，将土匪击溃，毙、伤匪徒三十五名。25日又追匪至柏根里，毙匪五十余名。

6月11日，黑龙江军分区发布《关于剿匪的命令》，要求由中心县委指挥，各县联合剿匪，并把剿匪、除奸和发动群众配合起来，迅速、彻底地清剿全省境内的土匪。

黑龙江军区命令二、三旅和骑兵团等主力部队进入黑河地区，与黑河军分区部队一起，于5月上旬，首战孙吴县的大桦树林子屯，匪军被击溃。6月中旬，攻下通往逊河和奇克的交通要道老西窝棚屯，歼灭刘山东子匪部二百余人。我二、三旅又乘胜直追，解放了国境线上的逊河、奇克两县城，毙、伤匪徒八十余名，俘匪二十余人。在张光迪旅长指挥下，二旅骑兵北上，采取远距离奔袭战术，一举击溃了杨青山匪部，解放了老爱辉县城，端下了刘山东子的老窝。

6月间，西满地区剿匪部队来到黑龙江地区。西满军分区副司令员洪学智率领特一团，由北安出发，继续追剿孙吴一带的土匪。7月，洪学智率部队到黑河。为了统一领导，洪学智兼任黑河地委书记和军分区司令员，进一步加强了黑河地区剿匪力量。特一团继续北上剿匪，于8月13日，收复了呼玛县城，成立了呼玛县人民政府。黑河局势趋于稳定。不久，洪学智回到北安，曾兼任黑龙江军区司令员。

经过三个多月的围剿，北满五省内的大股土匪基本消灭，姜鹏飞也在哈尔滨市被逮捕归案。但谢文东、李华堂、张乐山、张雨新等一些大匪首却逃往深山，匪患还没有彻底根除。

四、全面清剿，彻底根除匪患

从1946年10月到1947年底，是全面清剿，彻底根绝匪患的阶段。

为了肃清残匪、散匪、顽匪，1946年9月30日，东北局又发出《关于加紧进行剿匪工作的指示》，要求各地利用冬季到来之前的时机，彻底肃清顽匪。指示还要求："县大队、地方自卫队积极配合搜剿零散土匪，收缴隐藏枪支。各级政府、农工会及部队政治机关大量印发标语传单，扩大政治攻势，开展瓦解顽匪运动。"

松江省委推广五常县开展冬季搜匪除奸运动的经验，掀起广泛的清查户口，普遍组织群众武装搜山，开展挖匪根活动。从10月份开始，松江地区组织所有部队和民兵、自卫队进行搜山，在全面围剿的同时，开展广泛的政治攻势，宣传我党我军的政策。对一般匪兵，动员其家属亲友，用写信、派人等办法进行规劝，使其回乡，弃暗投明。对已悔过自新的土匪，除必须交出武器外，对其进行教育，发给路费，分给土地，监督其生产。对那些顽固不化的土匪，进行严厉的镇压、逼迫其投降。经过近两个月（十月上旬至十一月下旬)的搜山围剿，共进行较大战斗一百零九次，收降了“五省”“占江东”“九江好”“压满洲”“老二哥”“仁义”“十八省”“空中飞”“君子仁”“仁义好”“小霸王”“打一面”“红胜”等股匪三千二百四十三名。总计消灭土匪四千二百七十五名。缴获马步枪二百四十六支、轻机枪三十八挺、手枪二百二十七支、各种子弹六万四千五百四十四发，战马六百四十六匹。其中，宾县一个月内就有五百余名土匪向政府交枪自新。匪首“刘荒子”“韩小胡”“黄炮”“老来好”“九州”“青山”“中央”等八百四十八名土匪投诚，共交出步枪三百一十七支、轻机枪四挺、短枪四十七支、子弹两千余发。尚志县在挖匪根活动中，仅城关区从1946年12月到1947年6月，就起出私枪六十九支，重机枪一挺。

松江全省除剿匪战斗缴获外，在挖匪根运动中，共起出地主及特务、散匪隐藏起来的枪支八千三百余支(哈东三千六百支，哈北三千五百支，哈南一千二百支)，其中有机枪六十七挺。

合江军区贯彻东北民主联军总部制定的“猛打穷追、钉楔堵击、彻底消灭”的十二字方针。提出掌握情况、猛打穷追、紧跟不离，连续打击，反复清剿，彻底消灭，尤以消灭匪首为重要。“捉到与打死匪首，即等于完成任务三分之二，若未消灭匪首，即使将其匪部歼灭，亦不算彻底完成任务。”这时，合江军区进行了调整。贺晋年任司令员，方强任政委，并成立四个军分区：一分区司令员谭友林，政委陈伯村；二分区司令员谭文邦，政委吴亮平；三分区司令员刘贤权，政委王旭；四分区副司令员程启光，副政委吕清。

1946年10月初，刘山东股匪五百余人，窜至合江省北部，袭击我凤翔县城，被我合江部队击溃，逃往乌拉嘎金矿山里。驻在依兰的我合江军区十九团团长、五支队副司令杨清海，被匪首李华堂策反，于10月10日夜在依兰叛变投匪。李华堂匪部四百余人攻入依兰县城，后被我军击溃逃走。我合江部队决定追歼李、杨顽匪。军区司令员贺晋年和三五九旅(也称独立一旅)副旅长谭友林，率骑兵大队、三五九旅八团两个营、骑兵团两个连和依兰独立团三连，共一千五百余人，从10月18日起，在依兰县境展开了清剿李华堂、杨清海、谢文东等大股土匪的“依南战役”。经过二十多天的穷追猛打，李华堂、杨清海、谢文东全部被我军逼迫到牡丹江西岸。我军控制了牡丹江西岸长达二百里的全部村屯，封锁了渡口。三股土匪处于走投无路、饥寒疲惫的困境中。一周之内，投降者达六百余人，其余顽匪继续逃窜，但已陷入绝境。李华堂还剩有百余名匪徒，杨清海只带少数亲信单独活动。11月5日夜，我军追至松树沟马架子屯，将杨清海等包围。杨只身逃脱(1951年3月被我沈阳市公安局侦知逮捕，判处死刑)。大匪首谢文东带五百余人逃窜，亦进入我军伏击圈内。

深山剿匪，驰骋林海雪原，我军指战员的生活非常艰苦。粮食供应不上，棉衣被树枝划破，再加冰雪酷寒，冻病和冻坏手脚的很多。追剿途中，休息时，战士们拣干树枝生火取暖。饿了，掏出背包里带的冻得像石头似的苞米面饼子或高粱米饭团，在火上烤烤，表面烤煳了，里面还是冰心，咬不动也硬啃着吃。有时炊事员熬一点小米稀粥，每人分上一点，就算改善生活了。夜里，大家围着篝火坐着，和当年东北抗日联军在丛山密林、冰天雪地里露营的艰苦生活一样，“火烤胸前暖，风吹背后寒”。前胸烤暖了，再转过身来烤背后，一夜不知要折腾多少次，根本睡不着觉。尽管生活如此艰苦，但战士们仍然斗志昂扬，顽强战斗。我军不断加强部队政治思想工作，经过诉苦教育，指战员对土匪更加仇恨。再加上官兵一致，同甘共苦，所以能发扬我军艰苦奋斗的光荣传统，坚持克服各种困难，将剿匪斗争进行到底。

11月19日，东北民主联军总司令部传令嘉奖：“我合江民主联军之一部，在军区贺司令员、谭副旅长亲自统帅下，进入依兰深山密林人迹罕到之处穷追搜剿，给顽匪谢文东、李华堂、杨清海等以严重打击。”11月20日，三五九旅八团二营五连副连长李玉清，奉命带着二排长刘书颜和十几名战士，在依兰县南山里四道河子至五虎咀子之间牡丹江岸的山林间搜索。当他们搜到名叫四方台子的山头时，发现在山坳里有一个小山神庙，一个胖子正耷拉着脑袋跪在庙前，身边还站着几个人不像人鬼不像鬼的家伙。李玉清感到这几个人很可疑，于是悄悄地摸到跟前，只听那个胖子正在祈祷，要神佛保佑他们父子性命安全。李玉清一听，肯定这个家伙就是谢文东。他端起匣子枪大喝一声：“谢文东，举起手来!”谢文东抬起肥大的脑袋嘟囔着：“我、我、不是……”李玉清和战士们扑上去，用绳子把谢文东和他的儿子等五名饿得昏昏沉沉的土匪捆了起来。罪大恶极的头号匪首、国民党第十五集团军上将总司令谢文东，就这样被我军搜山小部队活捉了。活捉匪首谢文东后，我八团二营五连搜山部队，很快又在三道通西一百五十里的二南沟，俘获了国民党东北挺进军中将总指挥张雨新（即张黑子）。

活捉匪首谢文东（左二）

1946年11月27日，我军在依兰县黑瞎子窑搜山中，擒李华堂儿子李凤桐及李部参谋长张文生。29日，我八团二营五连搜山部队，在四道河子沟里又擒获了张雨新匪部中将副指挥车理珩及李华堂匪部炮兵二团副团长叶祥等八人。经过连续追剿，李华堂身边只剩下少数残匪。这时我三五九旅八团参谋长，带领一营一连深入到刁翎山里搜索。12月12日下午，李华堂等七名残匪逃到东山口，被我军活捉了五名，只剩下李华堂和他的卫兵向山沟里跑去。一连四班班长温士纯紧追上去，缴了卫兵的枪。李匪一看跑不脱，就趴在小沟里还击。这时全连都陆续赶上来，一齐向李华堂射击。李匪的腿和胳膊被击中受伤，温士纯跳起来扑上去，活捉了这个大匪首、国民党东北挺进军第一集团军上将总司令。在把他押回刁翎的路上，李华堂因伤重死亡。

谢文东、李华堂被剿灭后，合江地区只剩下大匪首、国民党地下军中将军长孙荣久(匪号“访友”)了。1947年1月，孙荣久带一百多名骑匪，被我三五九旅骑兵团和勃利、桦南县大队连续追剿六昼夜，大部分被消灭。孙荣久只带贴身副官彭治斌，逃窜到桦南县阎家区深山里。3月26日，我合江军区一分区桦南县大队指导员赖庆同，带领班长房兴业等十六名战士，进入猴石山搜匪。在马家街北三十里一座炭窑旁的木房里，将孙荣久、彭治斌活捉。4月1日，在勃利县举行了万人公审大会，将孙荣久和彭治斌枪决。至此，合江境内四十多股土匪基本肃清。

在松江、合江剿匪取得重大胜利的同时，嫩江、黑龙江各省和牡丹江军分区也猛打穷追残匪，捷报频传。1947年1月下旬，著名战斗英雄、牡丹江军区二团团部直属侦察排排长杨子荣，带领孙大德、魏成友等五名侦察员，化装成被我军击毙的匪首吴三虎残部，深入到海林县夹皮沟山里蛤蟆塘地方，侦察土匪巢穴。他们经过几天活动，终于见到了国民党委任的东北先遣军第二纵队第二支队司令、三代惯匪“坐山雕”张乐山的联络人员。由于杨子荣没有露出破绽，从而取得了土匪联络人员的信任，决定带他们面见“坐山雕”，吸收他们入伙。2月

6日夜里，杨子荣等六人跟随土匪联络人员，在雪深没膝的原始森林中，钻行了几十里艰难的山道，终于找到了土匪“坐山雕”住的窝棚。杨子荣等将匪首“坐山雕”张乐山、联络部长刘兆成、秘书官李义堂及连长刘忠汉等十三人全部活捉。这个年已七十多岁，为匪长达五十多年的“坐山雕”，终于得到了应有的下场。2月23日，二团剿匪小分队在夹皮沟里闹枝子沟围歼土匪丁焕章、郑三炮，在这次战斗中，杨子荣英勇牺牲。由于他在剿匪斗争中功勋卓著，东北军区司令部授予他“特级侦察英雄”的光荣称号。罪恶累累、作恶多端，流窜在嫩江、黑河一带的大匪首、国民党东北先遣军第一军副军长、嫩东总指挥王乃康，于1946年11月间，化装成赶车老板，企图逃往长春国民党统治区。当行至瑷珲（今爱辉）县一个村子时，被我军捕获，11月21日在讷河公审处决。

1947年1月，北安、合江、嫩江军区部队联合进剿刘山东匪部。合江军分区司令员李荆璞，率领三分区五团三个连、军区警卫团三个连及鹤立独立团等七百多人，由凤翔镇出发，在零下四十多摄氏度的冰天雪地里，经过十余天的追剿，攻占了乌拉嘎金矿。刘匪沿黑龙江北上窜逃，袭击老瑷珲县城，被我守卫部队击溃。1947年1月下旬，李荆璞率队到达奇克镇，与黑龙江军区副司令员王钧、三旅长廖中符会合。经过协商，成立联合剿匪指挥部，共同制定了消灭刘山东的作战计划。刘匪带残部逃到二、三站，受我军阻击，又窜回逊河一带，被合江部队和廖旅两下夹击，伤亡惨重。1947年2月2日，廖旅十团在逊河松树沟屯南山沟李双福地营子，将罪大恶极的匪首、国民党东北挺进军混成第六旅旅长刘山东、匪首李亚洲和国民党特务陈多山、沈锡福等活捉，并击毙刘匪副旅长刘汉臣、十八团团长李可臣等以下三百五十余人，缴步枪三百余支、轻机枪十挺、马四百余匹。至此，这股长时间流窜在黑河地区的土匪被全部消灭。

黑龙江上游呼玛、鸥浦、漠河的剿匪也相继取得胜利。1946年11月中旬，刘山东匪部二十三团团长张伯钧、杨青山等股匪围攻呼玛县城。呼玛县县长邱北池指挥特一团留下的两个连，与进犯的匪军展开激烈战斗。一直坚守了两天。西满军区特一团副团长兼骑兵大队长毛和德率领骑兵大队，赶到呼玛救援，将土匪击溃，使呼玛解围。我骑兵大队尾追敌人，连续战斗，共击毙、俘张伯钧匪部八十余人，生擒匪副团长何文华及小白龙。缴获长、短枪一百四十余支，子弹三千多发，马五十余匹。1947年3月，廖中符旅长带十团一连、军区骑兵团及黑河军分区一个骑兵连共六百多人，由黑河出发北上，在收复鸥浦后，在二十七站教育受骗参加土匪的鄂伦春族四十多人放下了武器。接着又进军到永和站附近，缴获土匪五张拉草爬犁，派十五人组成的小部队藏在草下。进到永和站时，小部队立即冲进匪首张伯钧的院子，将张伯钧击毙，同时歼匪七十余人，俘匪六十余人。4月初，我军胜利地解放了北疆重镇漠河县城。至此，黑龙江最北部的土匪全部肃清。

1947年4月以后，北满五省境内的大股土匪全部剿灭，只剩少数零星残匪尚待彻底肃清。各省均以小部队配合民兵、自卫队，以分散对分散，隐蔽对隐蔽，跟踪搜剿。5月12日，林口县刁翎区委书记张建堂，带领区中队追剿匪首赵振国和郎亚宾匪部裴小个子股匪，在青沟子山上将土匪歼灭。这次战斗中张建堂英勇牺牲，为永久纪念张建堂烈士，将刁翎区命名为建堂乡。宝清县大队击毙匪首吴青云等十名，俘匪首齐喜文等十三名。阿城县小岭区新兴屯民兵，在大顶山里搜匪时，将松江省境内残留的最大匪首、国民党委任的二十军副军长左建堂击毙。龙南军分区击毙匪首“天英”“北平”等八名，俘获“青山”“四季好”“保山”等土匪一百八十余人。生活在逊克山里，受土匪欺骗的鄂伦春族莫金生等二百余人，也在我党民族政策感召下，出山定居。

从1945年11月到1947年12月整整两年，北满各省取得了重大的剿匪战果。据不完全统计，共进行大小战斗二千九百八十七次，消灭土匪五万一千四百五十九名。缴获坦克九辆，各种炮三百二十一门，轻重机枪七百九十七挺，长短枪一万八千零八十三支，马七千五百六十三匹，大车二千二百五十一辆。剿匪斗争胜利结束。

在两年多的剿匪斗争中，北满各省军区、军分区和各县、区武装部队及民兵等，奋不顾身，英勇杀敌，许多同志献出了宝贵生命。仅据松江、嫩江两省统计，牺牲的干部、战士为一千七百三十一人。这些党的优秀儿女，在创建黑龙江革命根据地的斗争中，立下了不朽的功勋，我们要永远缅怀他们!

黑龙江地区剿匪斗争的伟大胜利，使我们免遭敌人的前后夹击，对建设根据地具有十分重大的意义。为进一步发动群众，进行土地改革，扫清了道路，为创建巩固的东北根据地提供了重要条件。

剿匪斗争的胜利，解除了人民群众的苦难，广大群众更加信任和拥戴我党我军，使我党我军有了广泛的群众基础。

剿匪斗争的胜利，使广大的农村基层政权和农民自卫武装得以建立和巩固，为实行土地改革，彻底消灭封建地主阶级，奠定了坚实的群众基础。在剿匪斗争中，各地都先后建立起村自卫队、区小队、县大队等人民武装。他们在斗争中得到很好的锻炼，不断成长壮大，给解放战争前线准备了一支素质好、战斗力强的后备军，使我军有了充足的兵源。在国民党反动派挑起全面内战，向我解放区疯狂进攻时，许多二线兵团陆续升为主力，直接开赴前线作战。黑龙江地区的广大农村，迅速掀起轰轰烈烈的土地改革、参军参战、支援前线、保卫家乡、保卫胜利果实的热潮，为解放全东北全中国做出了重要贡献。

附录二

关于人民解放军东北军区特级侦察英雄杨子荣烈士事迹的回忆①

黄夷

温野同志：

很对不起，向我了解特级侦察英雄杨子荣烈士的事迹，以及国民党土匪头子“坐山雕”情况的来函，收到的比较迟，加以近十多天，我们开会讨论《当代中国的农业》丛书提纲，所以断断续续地将回忆起来的情况整理了一下，迟至现在始寄给你，且恐很难适应你的需要，仅供参考。可供你调查的单位和同志，我已写在材料中。如果还有需询问的请来信。

祝你工作顺利！

致以

敬礼

黄夷

一九八四年十一月二十日

① 原牡丹江军区政治部保卫科科长黄夷同志，回忆审讯匪首“坐山雕”的情况（1984年）。

东北烈士纪念馆：

最近接到你馆来信，得知拟撰写特级侦察英雄杨子荣烈士的英雄事迹。我认为这项工作很有必要，这对于老一代特别是青年一代继承和发扬革命英雄主义和优良革命传统都有现实意义和深远的教育作用。

根据你馆来信要求，因我对杨子荣烈士的英雄事迹只了解大概情况，而了解较详细的仅限于“坐山雕”被活捉后的审讯和处理情况，所以采取写这封信的方式，将我所忆起的情况提供给你馆，同时提供一些线索，以供你们更全面准确地调查了解英雄的事迹。

下面是我了解的一些情况。

日军侵略者投降后，国民党反动派不顾全国人民的和平愿望，冒天下大不韪发动了全面内战。对东北解放区，他们在美帝国主义者直接帮助下，调去几十万正规部队，实行正面进攻；同时在我解放区后方，网罗了大批以伪满警察、宪兵、特务、军官为主要成分的土匪队伍，疯狂地进行破坏活动。牡丹江地区是伪满军事重地。解放后最初是绥宁省，我军部队建制是东北民主联军绥宁省军区。后同东安地区合并，成为一个省和省军区，后又改为东北军区直属牡丹江军分区。这个地区最初有十几股国民党的土匪队伍，其中主要的是谢文东、李华堂、马喜山、“坐山雕”、张黑子、吴大虎、吴二虎、吴三虎、尤达子、许大马棒等部。这些名字有的是绰号，不是真实姓名。“坐山雕”就是其中之一。这股土匪活动于牡丹江北部和西北部山区。牡丹江地区军民同合江地区军民密切配合，经过1945

年冬至1947春的剿匪斗争，消灭了大部分土匪队伍。但“坐山雕”这个土匪头子下落不明。他这股土匪当时只剩下了少数反动骨干。据中共中央东北局社会部从吉林省我地下组织得到的情报，得悉“坐山雕”仍在牡丹江地区隐藏待机，尚未逃出。

消灭“坐山雕”这股土匪的任务，是由牡丹江军区二团担任的。这支部队抗日战争时期是山东胶东军区海军支队，解放战争开始后调至牡丹江军区组建成二团。这个团的素质和战斗力在牡丹江军区先后组建的十几个团中，是较好较强的。为了彻底消灭“坐山雕”这股土匪，二团发扬军事民主，动员指战员分析敌情，献计献策。杨子荣烈士当时在侦察排。他提出，由于土匪头子吴三虎刚被我军在东部地区击毙，他自己可以化妆成吴三虎的副官，到“坐山雕”出没的深山老林中去侦察。杨子荣烈士原籍山东省，他在东北山林中做过伐木工人，对土匪的活动规律、黑话、暗号、伪装伎俩等都较熟悉。他对党忠诚，作战非常勇敢机智，在剿匪斗争中屡建战功。他的建议被批准后，经过充分准备和化妆，独自一人进了山。经过艰苦机智的伪装活动，同“坐山雕”的人取上了联系，查清了残匪隐藏的地点。然后二团派部队远距离奔袭，将残匪全部消灭，并活捉了“坐山雕”。到此，“坐山雕”这股罪恶深重，危害极大的土匪队伍被全部消灭了。杨子荣烈士的牺牲，据我所知，是在发现土匪头子郑三炮的隐藏地点后，二团派部队再次进行远距离的奔袭战术，将郑三炮残匪的窝棚包围起来，杨子荣烈士冲锋在最前面，将郑三炮的窝棚门一脚踹开，冲进去大喊“缴枪不杀”，残匪持枪顽抗，杨子荣烈士开枪还击，可惜枪卡了壳，没打响，而被敌人击中，壮烈牺牲。

由于杨子荣烈士战功卓著，在剿匪斗争中做出了突出贡献，牡丹江军区将他的英雄事迹报告了东北军区。东北军区授予他东北军区级的“特级侦察英雄”称号。据我当时所知，在东北军区侦察指战员中，授予“特级侦察英雄”这一光荣称号的，杨子荣烈士是独一无二的，这一殊荣他是当之无愧的。

“坐山雕”究竟是个怎样的匪徒呢？他被我军活捉时，大约已干了五十多年的土匪，是个凶狠残忍、罪恶累累的家伙。

“坐山雕”姓崔（名字记不起了），原籍山东省胶东地区（根据记忆可能是昌维）。他幼年家贫，丧父母，同叔叔一起生活。约在十三岁时跟随他一位同族兄长到东北，在伐木场做杂工。此期间认识了一些土匪，他羡慕土匪的“生活”，十五岁入伙当了土匪。他虽年纪不大，但干土匪却很卖力，得到头目的赏识，让他给匪首当勤务、保镖，在他十八岁时，匪首死去，死前指定由“坐山雕”接替做头目。他们干的多是抢劫、贩卖烟土等勾当。张作霖曾谋划收编他们，没有成功。张学良将军的部队曾剿灭他们，亦未成功。日寇侵入东北后，抗日义勇军如燎原之火发展起来，他认为同抗联对立不是对手，就投机参加抗联，但他们人马仍保持原建制。后来日寇疯狂围攻抗联，环境艰苦，他又同伪满的汉奸拉关系勾结，妄图投靠日寇，当汉奸进攻抗联。但日本侵略军坚持整编他们部队，实际是借机消灭他的队伍。他又将人马拉进山，当土匪。日本投降后，他借混乱之机，招兵买马，把伪满流散的警察、宪兵、特务、国兵网罗起来，打着曾参加过抗联的旗号，欺骗了原抗联的一些干部，组成了一个旅的编制。国民党进入东北后，派人收编了他，委任他为国民党先遣支队司令（是第十几支队记不清了）。并许诺国民党占领牡丹江后，安排他在警备司令部任要职。接受国民党的委任后，他搞哗变，投靠了国民党。他哗变后，极残忍地杀害我党干部和积极分子，破坏土地改革，经常利用夜间突然袭击，包围我村镇，抢掠、烧杀、奸淫，无恶不作。他妄图同其他股土匪一起，配合国民党的正面进攻，武装占领我牡丹江市。此期间他的罪恶是罄竹难书的。

“坐山雕”被我军活捉后，先押送到二团团部，然后押送到军区政治部保卫科（兼做军法处工作）。我们研究了审讯方案后，经军区领导同志同意，连夜进行审讯，主要弄清两个问题：一是首先审清国民党土匪残余潜伏人员，以便彻底肃清；二是核实“坐山雕”的罪恶事实。

第一次审讯我在场并亲自主持。“坐山雕”被押进审讯室时，给我的第一个印象是，他像一只被打断了脊骨的、陷入绝境的恶狼，既凶狠又惊恐的一副样子。他中等身材，脸面黑瘦，一腮的灰白胡须，虽已七十左右，但体格还很强壮。他自己也吹嘘说：“在山里，年轻小伙子也追不上我。”要他坐到凳子上后，他似乎意识到了但又不相信自己的彻底失败，茫然地叹了一口气，自言自语地说：“老帅没把我怎么样！少帅没把我怎么样！皇军也没把我怎么样！没想到落到穷八路手里！”（老帅指张作霖，少帅指张学良将军）我严肃地向他指出：“我们是人民的军队，人民同我们是亲骨肉，这是我们制胜你们的法宝，可你们很难理解这个道理。”他似信非信地说："是，是！"我继续向他指出："靠这个法宝我们打败了日本侵略者，同样靠这个法宝必定推翻蒋家王朝。在牡丹江军民的力量面前，不要说你这个先遣队，就是再有几十个、上百个，也只能落个同你一样的下场。"他低沉地哀叹了一口气说："东满的十几个司令都不行了！"（指牡丹江、合江地区的十几个土匪头子）他还说："我败在你们的土改上，从那以后，穷棒子和你们一条心，我山下的哨子一个个完了，我成了瞎子。"接着我向他指出："你的罪恶是极其严重的。你的每一件罪行人民都是清楚的。你现在只有向人民低头认罪，听从人民、人民政府的裁决。"他对"人民"两字似乎很敏感，极为骇恐，连声说："我有罪，我认罪！可千万别把我交给屯里人（指他们抢掠过的村庄），那样我连个囫囵尸首也落不下啊！"

经过审讯，很快审清了"坐山雕"杀害我党干部和积极分子，抢掠人民财物、勾结国民党、组织哗变等罪行。对他派到各地的情报人员，经核对，只有一处我公安机关作为嫌疑分子在做调查，其余都已先后被我方破获。除此以外，他交代了曾派人去吉林同国民党联系，要求给他空投装备，每次都答应了，但都落了空。他还交代，因被我军民追剿得到处躲藏，无安身的地方，曾企图逃往吉林，因我军民封锁严密，没能逃成。

"坐山雕"被活捉的消息传开后，遭他残害过的地方的人民要求押到他们那里去公审。"坐山雕"的罪恶审清后，省委和军区认为公开审判的时机不成熟，将时间推迟了一个时期。

时机成熟后，请示东北军区。鉴于“坐山雕”罪恶累累，民愤极大，拟由各地派代表，在牡丹江市开公审大会，控诉之后，处以极刑。请示尚未批回来，“坐山雕”得了肺炎，经军区医院派医生抢救无效，死于监狱之中。

“坐山雕”被关押期间，按照党的政策，同样给了他革命人道主义的待遇。他的伙食标准同其他犯人是一样的。组织犯人进行生产，因他年老，不让他参加。给犯人上课讲政治、政策、形势，都让他参加听讲。我军的政策使“坐山雕”这个十恶不赦的罪犯也不得不承认：“你们和过去的军队是大不一样！”他看到保卫科的干部战士参加生产，组织其他犯人搞生产，他也提出参加，开始要求扫院子，后来他说，他会条编，可以编筐篮，都满足了他的要求。他得肺炎临死前，对看守所长说：“所长，我大约不行了，你告诉科长，我的罪实在大啊！还给我请医生看病，我有愧啊！”这也证明了我军政策的威力。

以上情况，是我记忆起的。具体时间和情节无材料可查对。杨子荣烈士活捉“坐山雕”的战功，只是他英雄事迹中的一件，因我当时不在二团工作，很难件件写清楚。“坐山雕”被活捉押送到保卫科后的情况，我记忆起的是真实的。要写清楚杨子荣烈士的英雄事迹，建议向以下单位和同志做调查。

一、向河北省保定驻军做调查。杨子荣烈士生前在牡丹江军区二团战斗、生活。这个团后来调到前方同当时的四野一纵合并，这支部队是现在驻保定的三十八军。杨子荣烈士所在的排被命名为“杨子荣英雄排”，同他一起战斗过的干部，有些仍在该军工作。这些干部如果一起座谈，可以将杨子荣烈士的英雄事迹整理清楚。

二、向曲波同志做调查。曲波同志在牡丹江军区时是二团的领导人之一，是小说《林海雪原》的作者。二团剿匪的重要活动，他都清楚，可向他做调查。他现在的所在单位是铁道部工厂管理局。

黄夷

一九八四年十一月二十日

此材料是1947年初审讯过“坐山雕”的牡丹江军区政治部保卫科科长黄夷同志（现任国家农牧渔业部政策研究室主任）所写，有参考价值。

温野

1985年12月15日

附录三

我记忆中的侦察英雄杨子荣

王敬之讲述[①]

每年的农历二月初三(公历2月23日)，是著名的侦察英雄杨子荣英勇牺牲纪念日。多年来，许多人向我打听杨子荣的真人真事，我是他的团长，按理对他的了解应该比其他人多些，但因事隔几十年了，很多细节以及侦察活动的时间、地点都记不起来了，而且传说颇异，我只能做个概略的介绍，一定有很多不确之处。他牺牲后，我曾写过一篇《侦察英雄杨子荣》的长文，可惜现在找不到了。

杨子荣早已成为家喻户晓的人民英雄，他活着的时候为人民而战，他死后仍以自己的光辉事迹为人民造福、教育后代，人生的价值还有比这更高的吗？每到二月三日夜深人静、万籁俱寂的时候，杨子荣那副笑嘻嘻的面容就从外面飘然而来，停在我的眼前，多么熟悉、多么可亲可爱可敬的面容啊！……

我和他是在怎样的情况下相识的呢？这要从头说起，还要多说上几句。

---

① 王敬之同志是杨子荣烈士生前所在部队牡丹江军区二团团长。1983年3月24日笔者在北京访问他时为国家体委离休干部。此文即是按他的讲述整理。

我在抗日战争时期是新四军九旅旅部警卫营营长。1945年抗日战争胜利后的9月某日，旅长滕海清找我谈话，要我带一个团的机构干部奔赴东北，到那里去招收新兵，建立一个团的武装。我们是9月28日从安徽省的凤阳县出发，步行到山东省的龙口，由这里乘船到辽宁省的庄河登陆，又步行三百多里到达凤凰城，见到苏联红军。我们当时没带武器，坐拉煤的货车，不吃不喝，于10月底到沈阳。当时彭真等中央领导同志也刚到。我们住了一夜，第二天上午听了彭真同志《关于当前形势和任务》的报告，下午接到上级通知，让我们去哈尔滨。我们一百多人又是坐货车，走了一天一夜到哈尔滨。中午到那，见到苏联红军，听说第二天国民党就来接收哈尔滨。苏军给我们写了信，叫我们赶快去牡丹江。当天晚上8点多钟我们到火车站，那里有个苏军上校管事。我们的政治主任王希克(辽宁义县人)在东北某大学念过书，会点俄语，和这位苏军上校谈了我们的情况。他给我们安排了一节去牡丹江的“闷罐车”(即货车)，一百多人都塞到里边，拉屎撒尿也都在车上，憋得人喘不过气。11月1日早晨到达牡丹江市，天正下雪。

当时牡丹江也有我军区司令部，部队番号叫“国民军”。司令员是李荆璞，政委金光侠。他们都是原东北抗日联军的干部。我们交了介绍信，他们给我们分配了工作，派我带十几个人去宁安县东京城。那里有个叫陈恩普的人，是李司令的姑表兄，有民族精神，思想进步，让我们帮他组织起一个团，陈当团长，我为副团长。我带去的人有四个连长，还有班排长。过一个来月，原八路军一一二师的邹世寰同志来任团政委，还有原红四方面军的罗少夫来任副团长。当时东京城地区日本人扔下的武器很多，机枪、大炮到处都有，当地群众组织起保安队维持治安。

我们组织起来的队伍叫“国民军牡丹江军区第四团”。我们召集当地各保安队头头来开会，叫他们报名册，我们下委任，共组织了四个营，在马莲河车站的朝鲜人组织的是第四营。当时马喜山股匪也接受了我们的改编，我们委任他当团长，而国民党收编他当旅长，他就想吃掉我们。我们收编的几个营里都有人和他们勾结，就是朝鲜营坚决，他们愿意跟共产党走，土匪恨他们，先向这个营进攻，打掉我们一个排。我知道三营里有坏人，营长是伪村长，马喜山委任他当旅长。二营四连大多是伐木工人，政治上比较可靠，我深入到四连做战士的思想工作，争取他们不动摇，他们和我关系处得挺好。

七八天后的一个晚上，一个战士叫我赶快走，说张连长要把队伍拉走，那边都发给了符号。但我这样走是走不了的，得想个办法先稳住他们，不引起他们疑心。于是我到了二营营部，找到阎营长，对他说：“马喜山要来打咱们，你要好好防守，咱们一起到村外看看地形。”说完我们一起往村外走。二营副官王景荣是个坏家伙，也跟上来了。我对他说：“我今晚在这住，你先给我找房子去。”阎营长也故意说：“有没有酒弄点来。”我把王副官支走，和阎营长走到村外，我对他说：“你们要注意，加强警戒！”然后叫我的警卫员上马，我们快速跑回了团部。阎营长看着干瞪眼，想把我们扣住没得逞。当夜二营叛变拉出去了，我带队伍去马莲河收缴他们，邹世寰政委也跟上来，他从西卡子门出去上西山，被叛匪打成重伤，我派人把他抬回东京城，一天后就牺牲了。后来为纪念他，把东京城改名为“世寰镇”。我们打了一天一夜，二营四连终于回来了。

三营的人大部是马莲河的，他们在苇子沟驻防。三营教导员是朝鲜族人，政治上比较可靠。二营副营长是从关里来的，昨天夜里队伍叛变打死了三营教导员，队伍也过去了，只有他跑了回来向我报告，说马喜山占了苇子沟，这样我们就紧张了，只有一营在东京城。于是我带朝鲜营撤回到东京城，加强防守。我住在朝鲜营，还比较安全。

这时与牡丹江失去联系，别处也有叛变的，东京城的形势很紧张。当时只有苏联红军还帮助我们。他们在东京城火车站有一个小队，二十多个人，我和他们的司令打过交道。那是我们刚来不久，他们的纪律也不怎么好。我看见一个苏军士兵抢一个小铺的东西，我让翻译向他说你这种行为不好，他不听，用枪对着我，我没有动。待他一转身，我就挥拳把他打倒，捆起来，然后给他这个司令打电话，叫司令来接。司令派汽车来把这个士兵拉回去。我带翻译骑马去司令那里，看见那个士兵在禁闭室里哭，司令在外边哭。那个士兵说他打德国柏林时立了功，这点小事要是报到上级去就得被枪毙。我对这个司令说，他抢东西不对，但他承认了错误，可以放了他。他们很高兴，很感谢我。

在这种紧张形势下，我就又去找这位苏军司令，他听说我们有困难，表示一定帮助我们。他问我是共产党员吗？向我要党证看，我们没有党证，就把我在淮北区党委的整风鉴定拿出来，上边盖着大红印章，他相信了。于是向牡丹江苏军司令部报告，又找到军区政委金光侠。然后派苏军一个团长，一个参谋长，带几百人来东京城，支援我们。我就住到他们团部，把敌情介绍给他们。第二天苏军就出发去打马喜山，他们有四辆坦克，还有喀秋莎炮。他们对马莲河打了几炮，队伍冲过去，马喜山股匪就跑了。我们夺回了马莲河。我叫他们继续追，他们不干，说那是你们中国自己的事，我们只维持地方治安。

我们又占了马莲河，马喜山股匪退到鹿道，苏军也不走。我又叫他们去西太平沟，帮助去收缴叛逃出去的二营。他们派了装甲车去，把二营的枪都缴回来，战士放回家，排以上干部带回来学习。我把枪都武装了朝鲜营。这时是1946年1月下旬，还没过春节。

到了正月初十左右，苏军团长说他们要走了，你们关内的主力部队来了，快到牡丹江了。当天晚上，由山东来的八路军"海军支队"先头部队就到了，杨子荣同志就在这支部队里。该支队参谋长王云舞、侦察股长罗江和我接头，了解情况，决定共同打马喜山。"海军支队"从宁安往东去，叫我们佯攻，先拿下金坑、杨胖子沟，再奔鹿道。他们人多，进行了一百七八十里的奔袭战，先到鹿道一带，消灭了马喜山匪部五百多人，马喜山率残部逃走。我们占领杨胖子沟后，正月十六到鹿道集合。

我把我们的一千多人、二千多支枪都交给"海军支队"，合编到一起。"海军支队"原有两个团，把朝鲜营编入一团，其他编入二团。王云舞任一团团长，驻防镜泊湖北湖头、南湖头一带；我任二团团长，进驻海林、山市、横道河子、新安镇等地。“海军支队”也叫二支队，支队长是田松，政委是李伟，是师的建制，归牡丹江军区领导。一支队在牡丹江，三支队被张闻天同志带去佳木斯。过一段二支队名称取消，合到牡丹江军区一起，军区司令是刘子奇，田松任军区副司令，李伟任军区政治部主任。当时我们的任务主要是剿匪。

这时杨子荣由连里调到团部任侦察排长，我是在他向我做首次敌情报告时认识他的。此后一年的时间，直到1947年2月他英勇牺牲，我们之间的接触，完全是在我向他交代任务，他向我报告敌情中匆忙度过的。任务对他来说是一个接一个，没完没了，没白天没黑夜。这一年来他的全部生活内容就是接受任务、执行任务、汇报完成任务情况的紧张循环。我对他的深刻印象，也是通过他的那些惊险动人的侦察故事和他那永不疲倦的风趣谈笑中获得的。

这一年，我们团基本是在十几万平方公里的林海雪原和高山峻岭中驰骋的。随着局势的发展，我们由劣势变优势，由被动变主动，由防御变进攻，由几个团共同作战，到各团独立作战。随着土匪的人数被我们消灭得越来越少，化整为零，我军也是不得不越来越分散，大部队剿匪使不上劲，只得一个团分成十几个小队同时出击。

作战的地区也从解放县城小镇，控制公路、铁路，进而到农村小屯。我地方工作队紧跟着发动群众，建立基层政权，组织农民自卫队，终于迫使土匪进入渺无人烟的深山老林。

由于战局进程日趋复杂，加在侦察人员肩上的任务，其次数和难度也与时俱增，真是到处呼唤侦察人员。他们终年累月奔波在野兽出没、峭岩湍流、荒无人烟，时刻都有生命危险的环境中。经常都是一两个人去独立应付许多惊心动魄的情况、局面。他们的牺牲精神，克服困难的毅力，巧妙的智慧，到今天回想起来仍是令人肃然起敬。杨子荣同志身为侦察排长，更是双倍于战士的任务。

作为团指挥员的我，也是非常紧张忙碌，和干部战士们说说笑笑，交流思想，只能在行军中边走边进行。而通常在战前行军时，侦察人员又总是走在部队的先头，所以在这剿匪战斗极其频繁紧张的一年中，十分遗憾，我竟没有机会和杨子荣同志聊聊家常。对他的家乡住处、家庭情况、个人经历等几乎一无所知。他留给我的，只是那张永远笑着的脸和他那无限忠于人民的伟大精神。

杨子荣不仅战斗事迹突出，他的党性和政治修养也是很高的。他不是像一些人想象的那样只是个勇士，他的思想作风也是非常优良的，他的精神真正达到了一不为名二不为利的境界。我从没有听说他有什么个人要求，以他的功绩、资历满可以担任更高的职务，而他从没有表露过这种想法。

他对党的政策，对三大纪律八项注意的执行，真正达到了天然自觉的程度。他保护群众，帮助群众劳动更是自觉自动的。对执行俘虏政策也是一丝不苟，从不打骂敌俘，更不搜俘虏的腰包，对一切缴获要归公的纪律极为自觉地遵守。

他很关怀和尊重领导，但没有丝毫畏惧和讨好心理。在上级面前，谈吐自然，报告情况清晰风趣。他对战友关心备至，行军休息时烧水做饭、打扫驻地、借还铺草用具等处处走在前头。

他每次执行任务回来报告情况时，总是情节仔细，但不夸耀自己，对别人的作用一丝不漏，对缺点错误从不隐瞒，我从没有听他埋怨过战士。每次完成任务，即使完全胜利，他自己也总是有说不完的后悔和遗憾之处，经常说要是这样就好了，那样就好了。

杨子荣同志异常胆大勇敢，他有着于百万军中取上将之首级如探囊取物般的压倒敌人的英雄气概，在敌人面前他永远是强者。在他看来只有不能取胜的人，而没有不能取胜的条件。他常说："战斗嘛，人多有人多的打法，人少有人少的打法，一个人有一个人的打法。"任何时候他都像张飞、李逵一样，只要说打仗，他就一跃而起，求战若渴。只要能够取胜，有命令打，无命令也打。他不仅胆大果敢，而且非常冷静细致，足智多谋，从不鲁莽草率。……

注：他讲述的一些杨子荣侦察战斗故事细节，笔者已写入传记正文，这里不再复录。

附录四

曲波同志回忆杨子荣烈士事迹片断

曲波讲述[①]

我写的《林海雪原》是小说，是文学作品，不是历史书，写小说和写历史是两回事。小说里的故事大多是虚构的，杨子荣烈士的真实剿匪战斗事迹很多，你们应调查清楚，我也记不起来了。

我先讲讲我们部队牡丹江军区二团的组建历史。这支部队是1944年秋天，由驻威海刘公岛和龙须岛的汪伪海军起义后组建起来的。我党为了改造这支队伍，将来胜利后建立我们自己的海军，就由我胶东军区接管，相继派入四部分人充实壮大部队。第一部分是军区派进的领导干部：王子衡、田松、李伟、方定臣、宿灿、徐成之、罗江、曲波、王日轩、冯飞等同志；第二部分是根据地几个中等的学生，有胶东公学、文牟联中、北海中学等，这些学生都是志愿参军的党员和优秀青年；第三部分是从八路军老部队十三、十四团抽出的有文化的基层

① 1983年3月26日，笔者在北京访问杨子荣烈士生前所在部队牡丹江军区二团副政委曲波同志，当时他任国家铁道部工厂管理总局副局长，也是著名作家。本文是按他的讲述记录整理的。

干部、班、排长，全都是党员；第四部分是根据地优秀民兵骨干，参加过战斗，经过军事训练的。

当时命名为“海军支队”是团级建制。支队长由原起义领导人郑道济担任，政委是胶东军区政治部主任欧阳文兼任。副支队长先是王子衡，后是田松，政治处主任李伟，副主任方定臣。支队下分四个中队：一中队政委罗江，二中队政委刘金凯，三中队政委王日轩，四中队政委曲波。这是1944年12月的事，当时部队有600多人，部队改造是成功的。经过近一年开荒生产、军事政治训练、思想教育和群众工作，还参加实际战斗，到1945年8月抗日战争胜利时，这支部队已成为我党我军领导下的具有一定政治水平和战斗能力的知识分子占多数的革命武装队伍。

日本侵略者投降后，8月下旬，“海军支队”参加青岛外围即墨城的攻坚战，消灭1200多敌人，取得了胜利。我部是锻炼一下，我指挥二、四两个中队掩护大队撤退。我们撤到莱阳县水沟头村（现莱西市），部队再次进行扩编，把四个中队扩编成两个大队，是一个师的架子。王茂才任一大队政委，刘金凯是副政委，罗江是一大队副队长；我（曲波）任二大队政委，王日轩为副政委，肖永志任二大队副队长。

这时根据上级指示，针对蒋介石发动内战的阴谋，我军要进行一定时期的自卫战争，暂时不能建立海军，需要战斗部队，因此要进行新的扩编，这样就从文登、牟平等县大队、区中队和民兵中抽出一部分干部、战士，加入我们队伍，部队改名为“山东军区第二支队”，由原来的四个中队扩大为六个中队，共800多人。杨子荣同志就是这时进入我们这支部队的，他被分到二大队六中队当战士。

我们于1945年10月上旬奉命开赴东北，保卫抗日斗争胜利果实，建立东北根据地。我们从水沟头出发，走到龙口坐木帆船渡海，在辽宁的庄河上岸。

我记得杨子荣同志是贫雇农出身，当过长工、打过短工、当过民兵，参加过战斗，家住哪个县不清楚，家里情况不了解。他很聪明，没读过什么书，但能讲说《三国》《水浒》等古书。他买蜡烛晚上点着，请识字多的人给他念。他记忆力特强，听过就不忘，能说古道今。他想当英雄豪杰，有一身英风侠骨，他学过武术，枪法也好。他因生活困难，下过关东，当过伐木工人、船工、矿工，熟悉东北的风俗民情。他有一米七十多的个头，很结实，有力，络腮胡子，浓眉大眼，白眼珠大，盯着人看能把人心看透……

到庄河登陆后，准备调我们去哈尔滨当警卫师，改番号为“辽南纵队第二支队”。我们继续北上，经凤城、宽甸、桓仁、梅河口、通化、口前，一直到吉林，一路上打仗不多。11月上旬打乌拉街前，我派杨子荣去找船渡江，他走了几十里地，在松花江上游一条岔子里找到一条大木船，船主是一个四多十岁的贫苦妇女，她受过土匪的害，愿意帮助我们。这条船一次能渡二十多人，我先把一个连渡过去。我又叫杨子荣下水试试能否泅渡，他会游泳，但当时河水冰凉透骨，他没有迟疑，游了一个来回，说可以游过去，我叫机关人员坐船，部队泅渡，一下子冲进街里，解决了土匪团部，活捉匪首关团长。

以后打白旗屯、舒兰、榆树，在这过的1946年新年，还开了联欢会，杨子荣表演说笑话。他还说他会化装，谁也认不出来。我说不可能，不管你怎么化装，我也能认出来。他说下午我就在赶集的人群中，你找我吧，认不出来，曲政委得买糖请客。我带警卫员在街上看，结果谁也没认出来。他化装成了病老头子，身穿破棉袄，拄根棍子，头上顶个瓦盆，胳膊还夹个瓦盆，一走直哼哼，我就没看出来。还是他走到我身后，拍我肩膀问我看出来没有才知道，他以后经常化装成老百姓搞侦察，很有一套，完成很多任务。

接着打五常，消灭土匪宋司令五百多人，这些都是杨子荣侦察的成果。这时牡丹江地区形势紧张，土匪猖狂，上级不让我们进哈尔滨，快速开赴牡丹江地区。到牡丹江后，二支队与牡丹江军区合并，两个大队改为一、二两个团，我任二团副政委代政委，二团驻海林镇，一团在牡南，二团机动，先打牡南土匪后打牡北。

这时我二团成立侦察排，直属团部，调杨子荣任侦察排长，由他挑选侦察员。他挑了孙大德（吉林蛟河人）、魏成友（海林附近山市人）等熟悉东北民情，作战勇敢的二十多名战士。杨子荣侦察排始终侦打结合，大小战斗上百次。直到1947年农历二月三日（公历2月23日），在海林北部黑牛背山里搜剿李德林股匪残部战斗中英勇牺牲。这次战斗是我带队去的，杨子荣同志的牺牲我很懊悔，几天没吃饭。

许大马棒没有这个人，是我在小说中虚构的，是按照匪首张德振原型加工塑造的，他的老婆就成了蝴蝶迷的原型。

“坐山雕”当时60多岁，小个、瘦，但腰板溜直，鹰钩鼻子，黑脸，头发都白了，两撇胡子也白了，下巴上一撮白山羊胡子，穿便服皮袄。他被杨子荣抓到后，我们团未审，送到牡丹江军区司令部关押，听说军区政治部的黄夷同志（后任国家农业部办公厅主任）审讯过“坐山雕”，后来老匪病死在狱中。你们可找黄夷同志了解审讯“坐山雕”的情况……

注：曲波同志回忆的杨子荣剿匪战斗故事细节，笔者已写入传记正文，这里不再复录。

附录五
关于杨宗贵是不是杨子荣的看法

牟平县城镇嵎峡河大队信笺

关于杨宗贵是不是杨子荣的看法

我大队杨宗贵在少年时代丧父，因生活所迫曾随其母下过关东三四年，回来后结了婚，与其兄杨宗福分居，母亲独自生活，杨宗贵二十八、九岁时，即1945年秋，与郭克利同时参军，当时他家有三口人（夫妻俩及一个小女孩）还养着一头黑色小毛驴，郭克利因身体不合格被检回来，杨宗贵留入部队，其妻与其母就享受军属待遇，参军后孩子已死，因多年无书信，妻子改嫁，（改嫁后亦病故），后来政府追认为革命烈士，其母享受烈属待遇，直到文化大革命前病故为止。

杨子荣是不是杨宗贵的字，我大队很少知道他叫杨子荣，只有两人，一是老干部老党员秦紫信，他是在杨宗贵从东北回来见过他的印章刻的是杨子荣，二是杨宗贵的近邻老党员于洪典在闲谈中曾听他说过他的字叫杨子荣。

我们找了一些年纪较大熟悉杨宗贵的人看照片，大家一

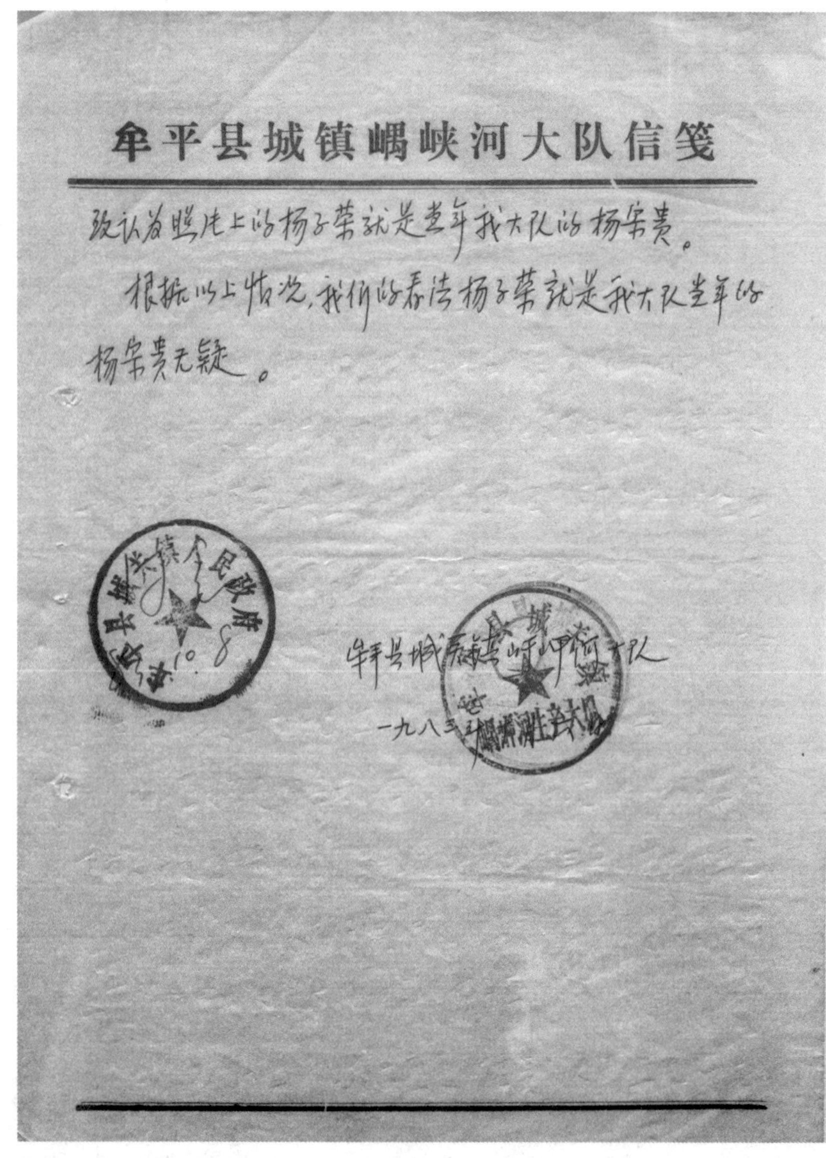
牟平县城镇嵎峡河大队信笺

致认为照片上的杨子荣就是当年我大队的杨宗贵。

根据以上情况，我们的看法杨子荣就是我大队当年的杨宗贵无疑。

牟平县城关镇嵎峡河大队

一九八三年

附录六

关于杨子荣的原籍是不是牟平县城关镇峌峡（嵎岬）河村的证明

关于杨子荣的原籍是不是

牟平县城关镇峌峡河村的证明

我叫秦景信，今年八十岁，是牟平县城关镇峌峡河村的社员。我在村里种了一辈子庄稼。对于杨子荣的一些情况，我可作以下的证明：

我同杨子荣是要好的邻居，因为都是种庄稼的，我们经常见面。记得他在十四、五岁的时候，因为生活困难，曾经随他母亲下过关东（到关东住在什么地方，都干了些什么，说不上）。他们下关东住了三、四年就回来了。后来杨子荣就结婚了（妻的娘家是武宁公社肖家泊），结婚后又同哥哥杨宗福分居生活（母亲自己过的）。杨子荣到二十八、九岁的时候就参军了。那时他已是三口家（生了一个小女孩）。参军后孩子死，妻改嫁（改嫁后亦病故）。杨子荣参军后常年没有来信，以后牺牲了，他的母亲曾受到优待，一直到文化大革命前病故为止。

(81) 大寺印　　第　　页

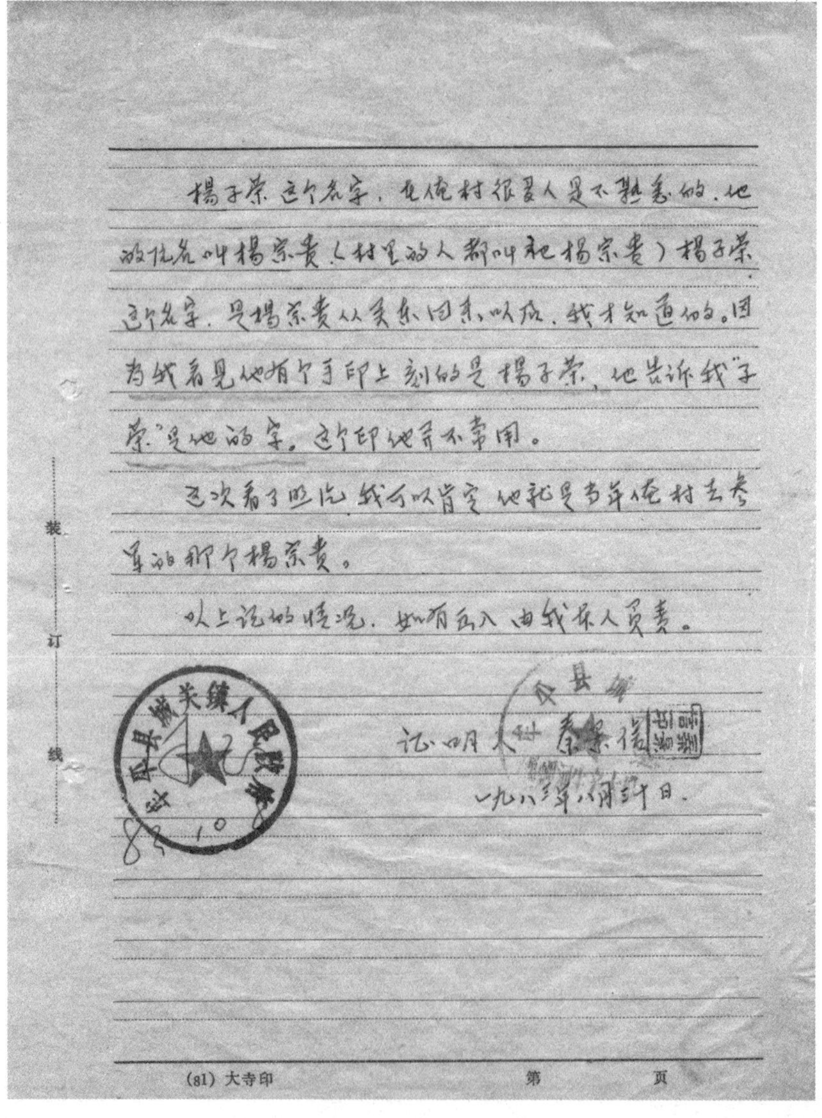

楊子荣这个名字，在俺村很多人是不熟悉的。他的化名叫楊宗贵（村里的人都叫他楊宗贵）楊子荣这个名字，是楊宗贵从关东回来以后，我才知道的。因为我看见他有个手印上刻的是楊子荣，他告诉我"子荣"是他的字。这个印他并不常用。

这次看了照片，我可以肯定他就是当年俺村去参军的那个楊宗贵。

以上说的情况，如有出入由我本人负责。

证明人 [illegible]

一九八三年八月卅日。

(81) 大寺印　　第　　页

附录七

关于杨宗贵在本村参军的证明

关于杨宗贵在本村参军的证明

我叫薛承岐，[illegible]平谷县城关镇峙峡河村人，现年六十八岁，一九四五年加入中国共产党，在本村任过村团长、党支部书记，现在是第五生产队社员。

现对俺村杨宗贵当年参军的情况证明如下：

记得我在村里干村团长那几年，杨宗贵已同哥哥杨宗福分居，父亲早年去世，母亲在弟兄分家时，自己[illegible]的。杨宗贵本家共三口人（两口子加一小女孩），家里还养着一头黑色小毛驴，在平谷城解放时，杨宗贵和韩克利参军，当时是我亲自送他们去的，记得很清楚。那时杨宗贵不过三十岁，他参军以后，家里人享受军属待遇，同志多无书信，以后由政府追认为革命烈士。

今天看了照片，我认定这照片中的人就是俺村当年去参军的那个杨宗贵。至于他是不是还叫别的名字，我不知道。

以上情况如有出入，由本人负责。

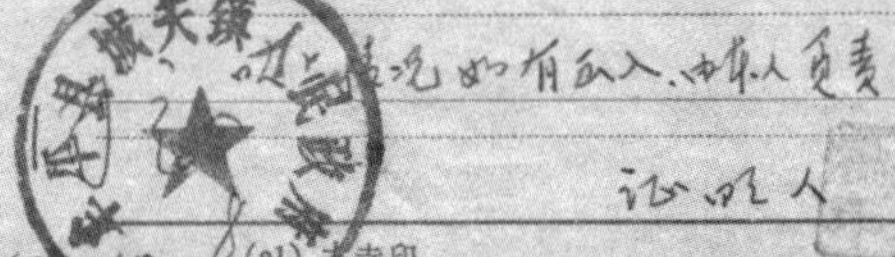

证明人 薛承岐

一九八八年八月十六日

(81)大寺印

关于杨宗贵参军前后有关情况证明

关于杨中贵参军前后有关情况证明

我叫郭克利，今年八十七岁，是城关镇峪峡河村第八村民小组的社员，关于俺村杨中贵参军前后的一些情况作如下证明。

杨中贵同我是邻居，在村里都是靠种地维持生活。1945年（或1946年）秋天（具体时间记不清楚了），村干部孙克强（已去世）动员我们去参军，我答应了。当时还有杨中贵，全村就我们俩个人去参军。由村团长孙成（?），农救会长于洪（?）（已去世）把俺送到陵川。当时因我眼有病，叫我回家了，杨中贵被留下了。

看了照片，我确认这照片就是当年的杨中贵。我同杨中贵参军时他已经二十九岁了（我们俩同岁），虽然分别几十年，但是他的相貌并没有大的变化。

以上证明如有不对，由我本人负责。

此证明。

证明人　华县城关镇峪峡河村

郭克利

1985年8月

（公章：平县城关镇人民政府）

8,10

装订线

(81) 大寺印　　　　第　　页

关于我弟杨宗贵的有关证明材料

关于我弟杨宗贵的有关证明材料

我叫杨中福 现年71岁，系华宁县城关镇对峡河大队人

我弟杨宗贵，学名杨子荣，10多岁时，他就去东北。在东北时他干过纺织工和矿工。在干矿工时，干过一段时间的矿工把头。

对于我弟的学名杨子荣，在我们村时，他不用这个学名，原来我也不知道他的学名叫杨子荣。大约在1940年左右一个春天，他回家看家，我和他一起去东北千山（他在那里干过矿工）。见到他领工资时所用的印章是杨子荣。当时他那里的工友，有叫他杨宗贵的，也有叫他杨子荣的，但大多数工友叫他杨宗贵。

大约在1940年左右的一个秋天，我弟回家

（81）大寺印　　第　页

探家，因海关封闭，因而他就没能回去。约在1946年春天左右，我从东北回来老家，回家后，听说我弟已当兵去了。

以上情况如有不对由我本人负责。

牟平县城关镇嵎峡河村

杨宗福印

1983.10.6.

装 订 线

(81) 大寺印　　　　第　　页

后　记

宣传烈士事迹，弘扬革命精神，培育爱国之情，激发报国之志，是东北烈士纪念馆人永远不变的责任和使命。《特级侦察英雄杨子荣》在其传主诞生一百周年、牺牲七十周年之际由东北烈士纪念馆推出，令人欣慰。在此，感谢东北烈士纪念馆刘春杰馆长，策划出版本书、邀请本人执笔，并于百忙之中为本书撰写序言，安排出版后的宣传推广事宜；感谢东北烈士纪念馆于文生副馆长为本书配置部分珍贵的历史图片和档案图片，为本书增添了重要的史料价值，并审订全稿；感谢中共黑龙江省委党史研究室陈玫副主任，在本书出版前全文审读书稿，并给予较高评价；同时，感谢我的家人对我工作数十年如一日的理解、支持和帮助，他们不顾劳累，帮助我抄写文稿、复印材料，以保证本书在约定时间内按时交稿。

由于年事已高，文思不济，书中错讹之处肯定有之，敬请读者见谅和指正。

温野

2017年9月2日